Colorea y relájate

Una pausa para el alma que recarga energía

RainbowRealm Publishing

Nos encantaría conocer tu opinión sobre este libro para colorear. Si tienes la oportunidad, déjanos una reseña en Amazon.
Tus comentarios significan mucho para nosotros.

INTRODUCCIÓN

Bienvenido a "Colorea y relájate", una impresionante colección de diseños que presentan los lugares más bellos del mundo. Explora destinos impresionantes de todo el mundo, relájate y relájate mientras les das vida con color. Deja volar tu creatividad y sumérgete en la tranquilidad de los paisajes más destacados de nuestro planeta.

Mientras coloreas, permítete soñar y planificar tu próxima aventura a uno de estos impresionantes destinos. Imagínese parado en medio de las imponentes montañas o caminando por las orillas arenosas de una playa tropical. Cada diseño es una ventana a un nuevo mundo de posibilidades, esperando a que lo explores.

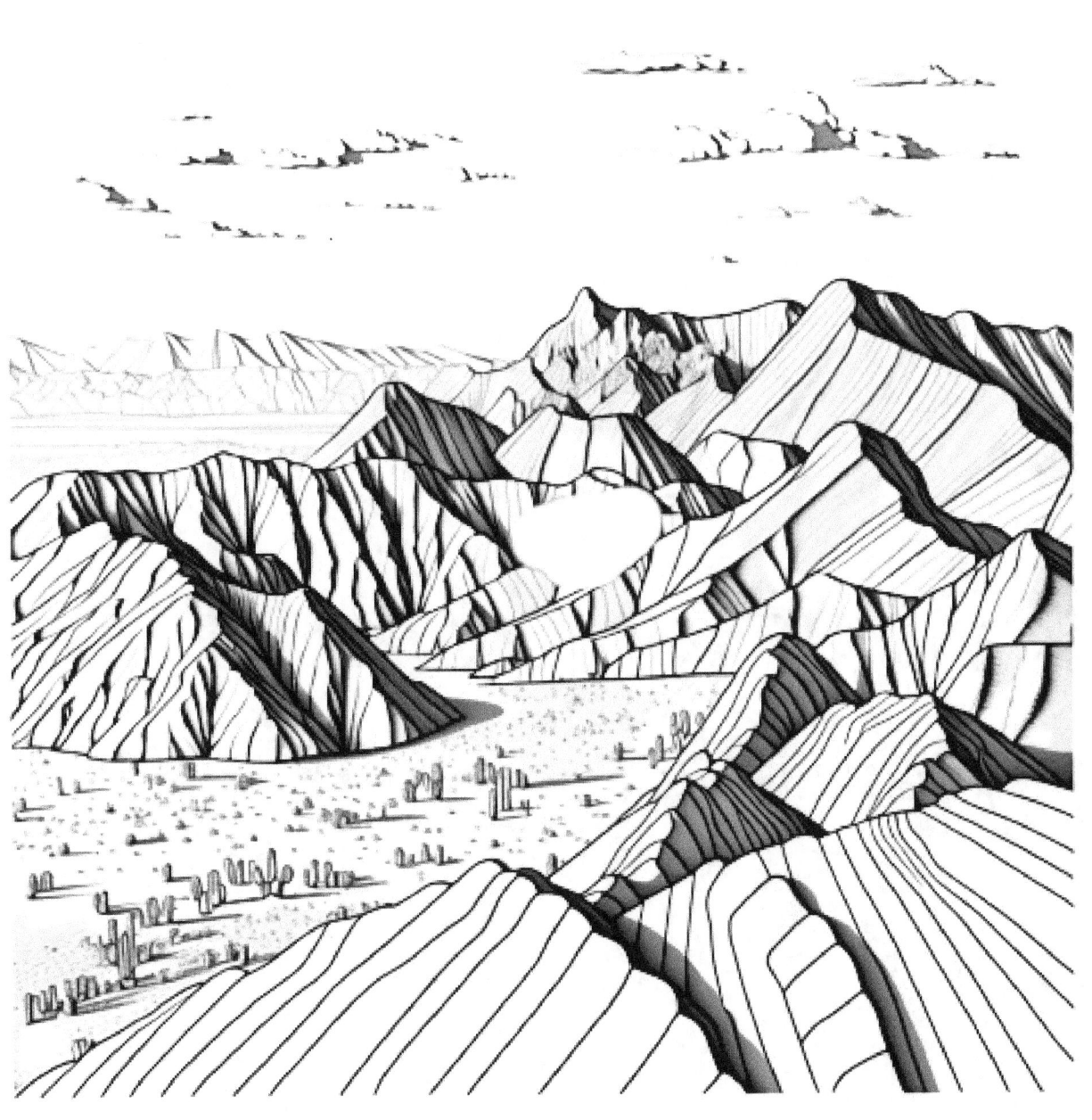

Zhangye Danxia, China

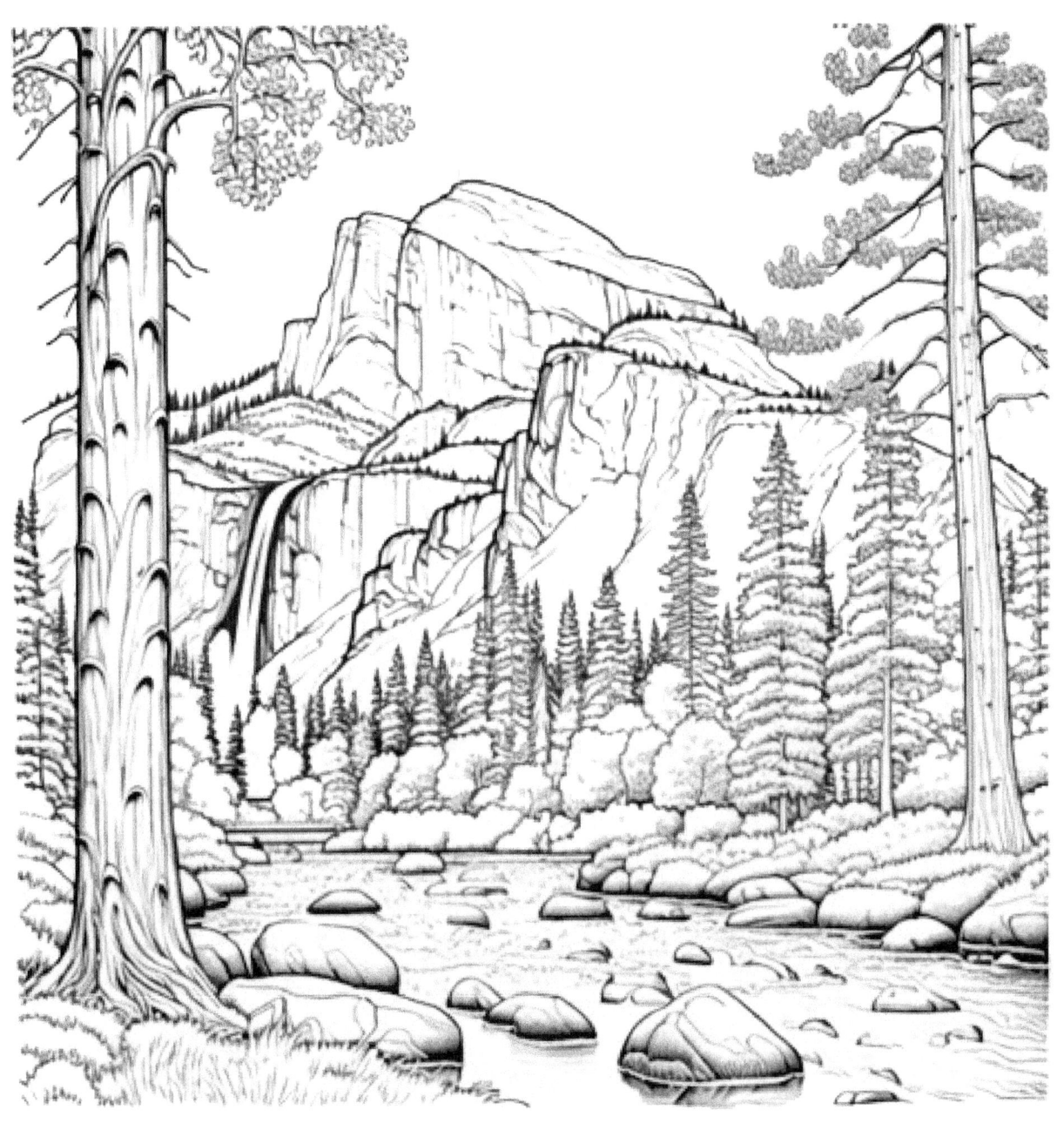

Yosemite Parque Nacional

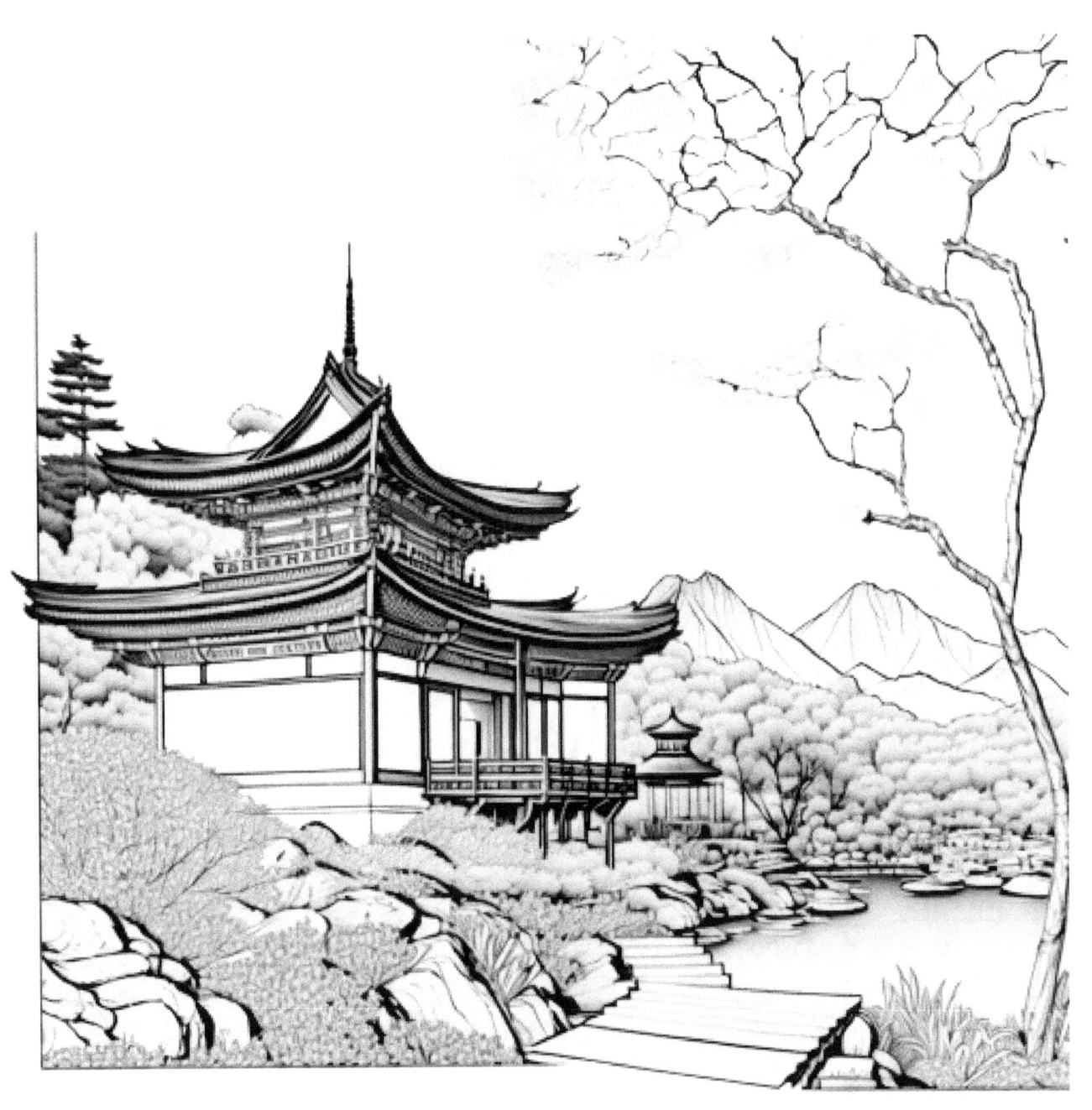

Yunnan, China

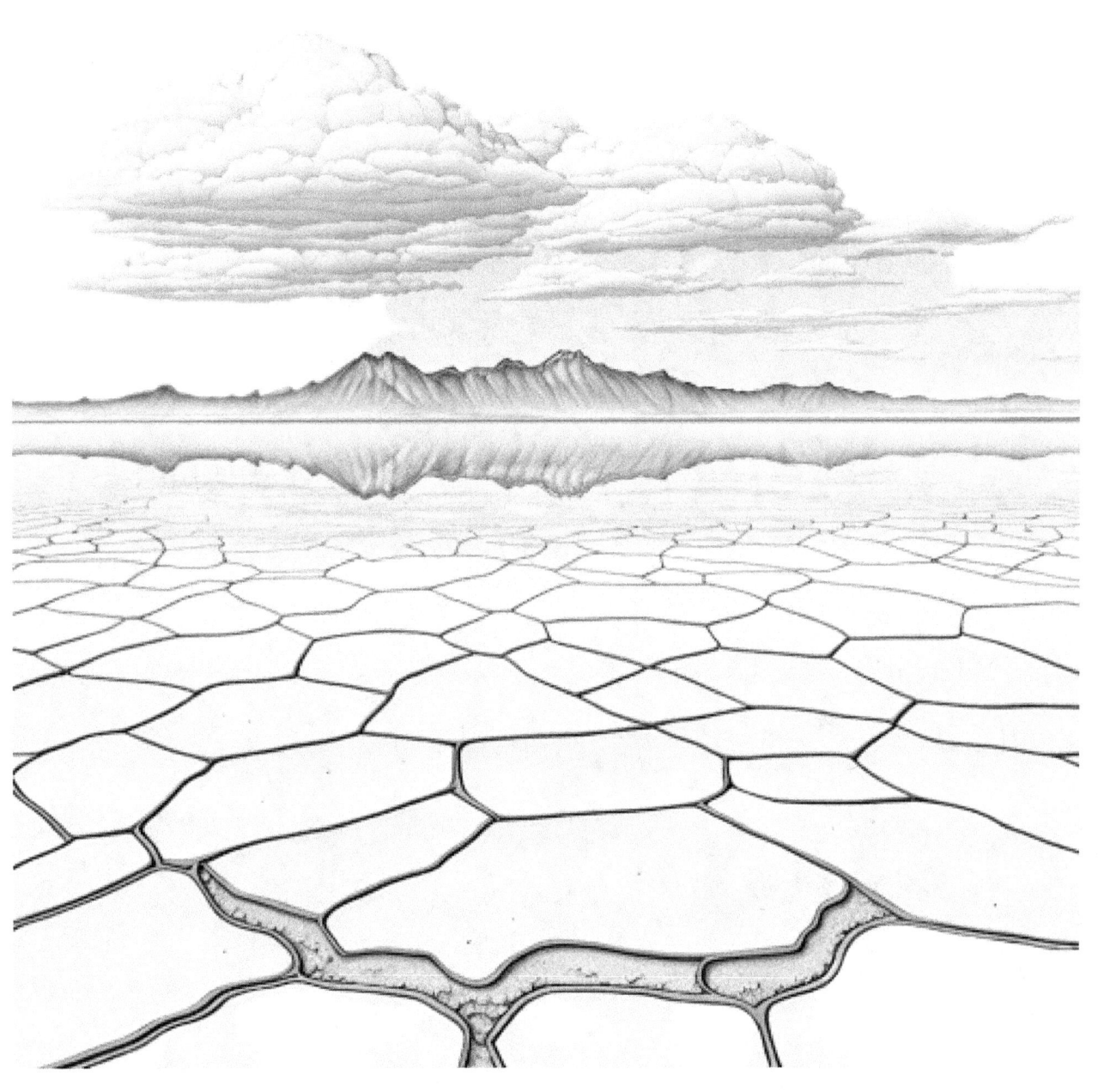

Salar de Uyuni, Bolivia

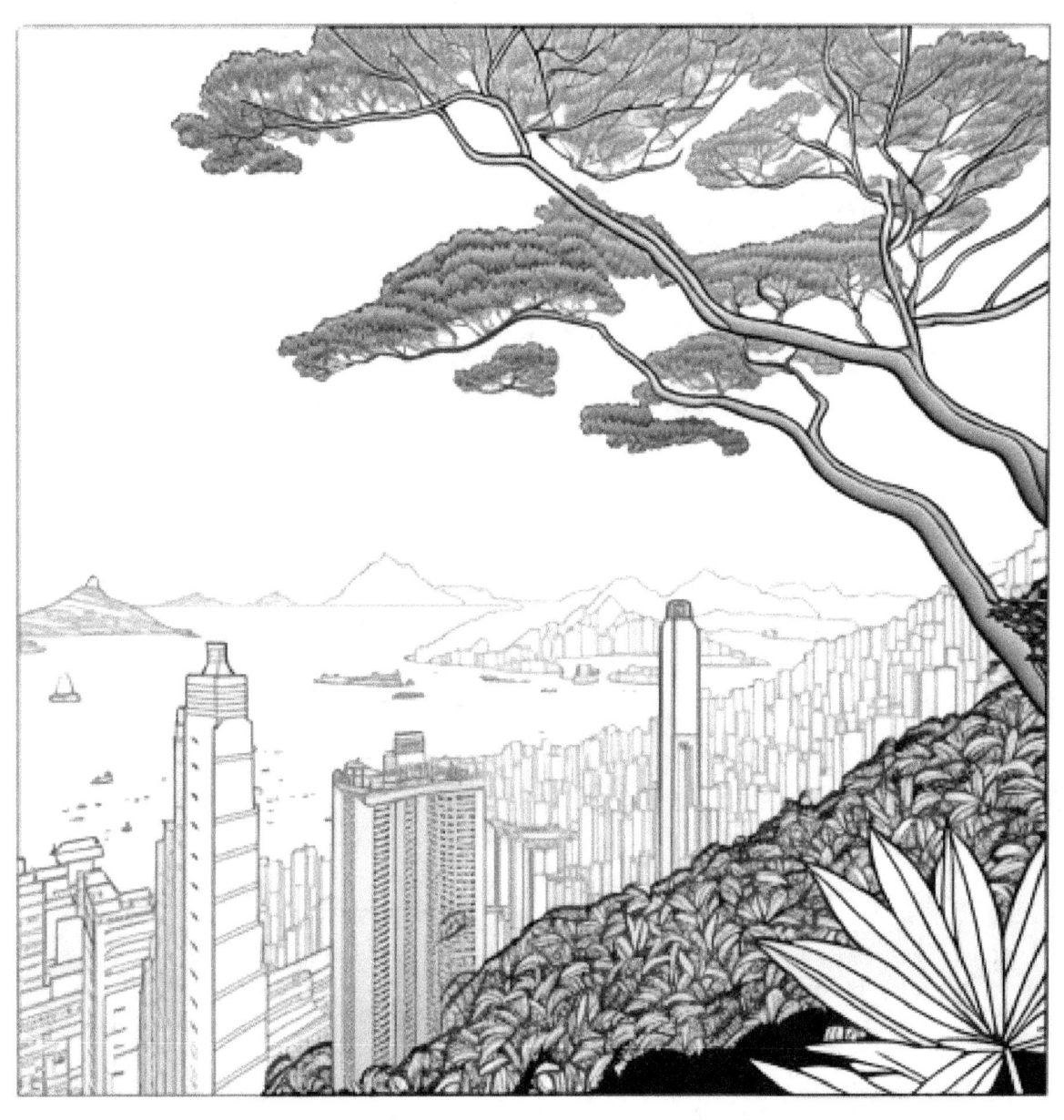

Pico Victoria, Hong Kong

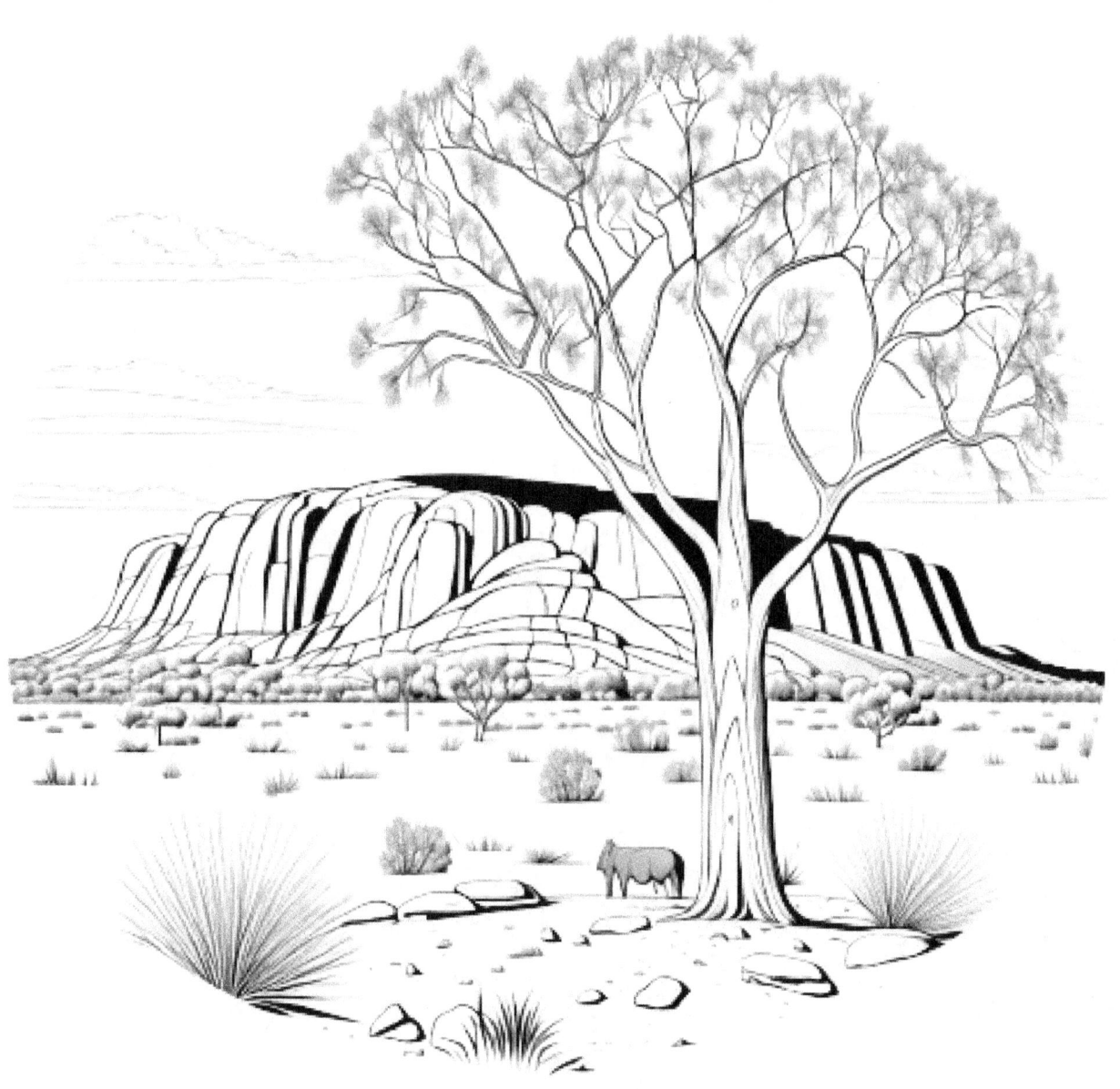

Uluru, Australia

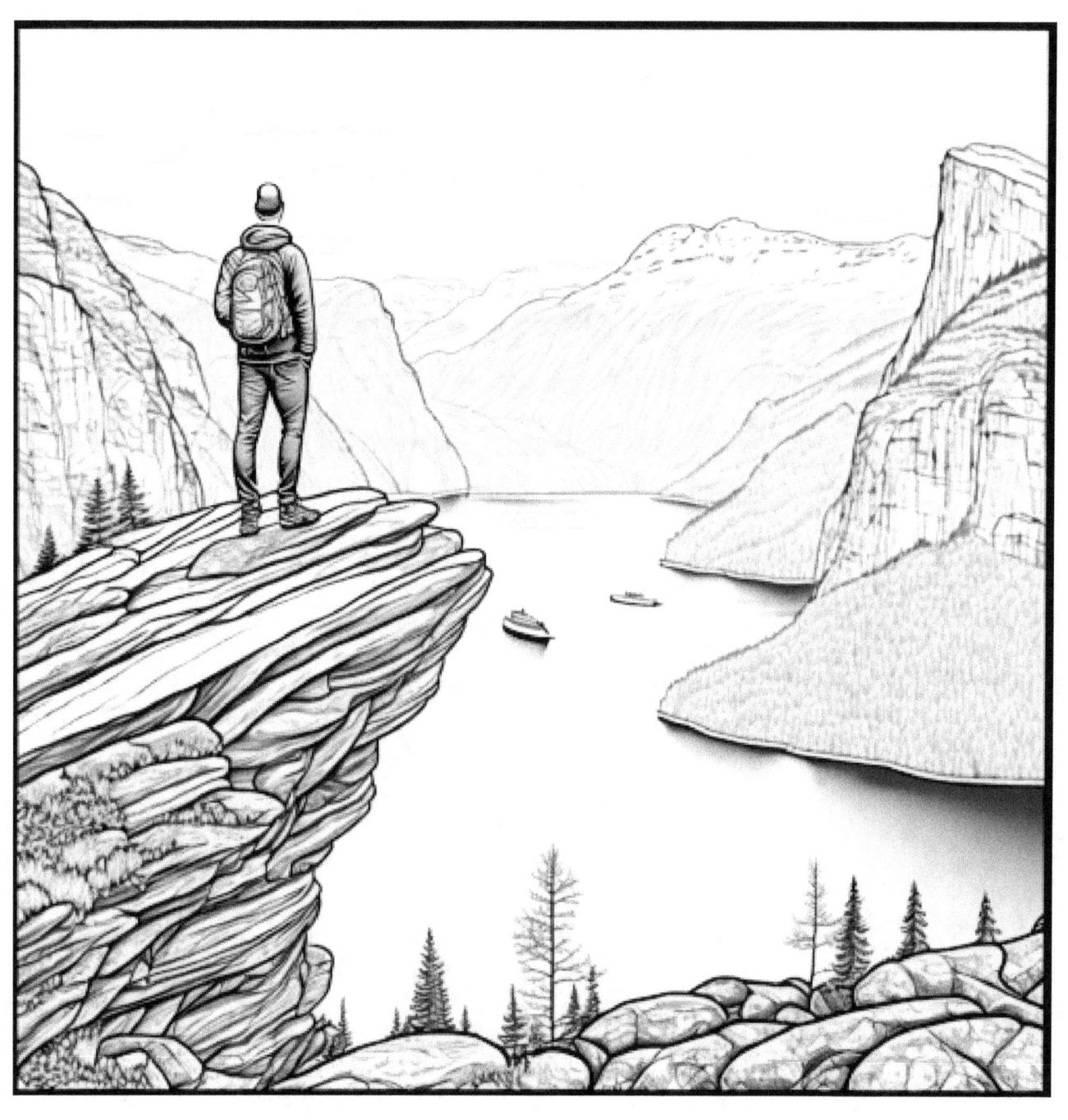

Trolltunga, Noruega

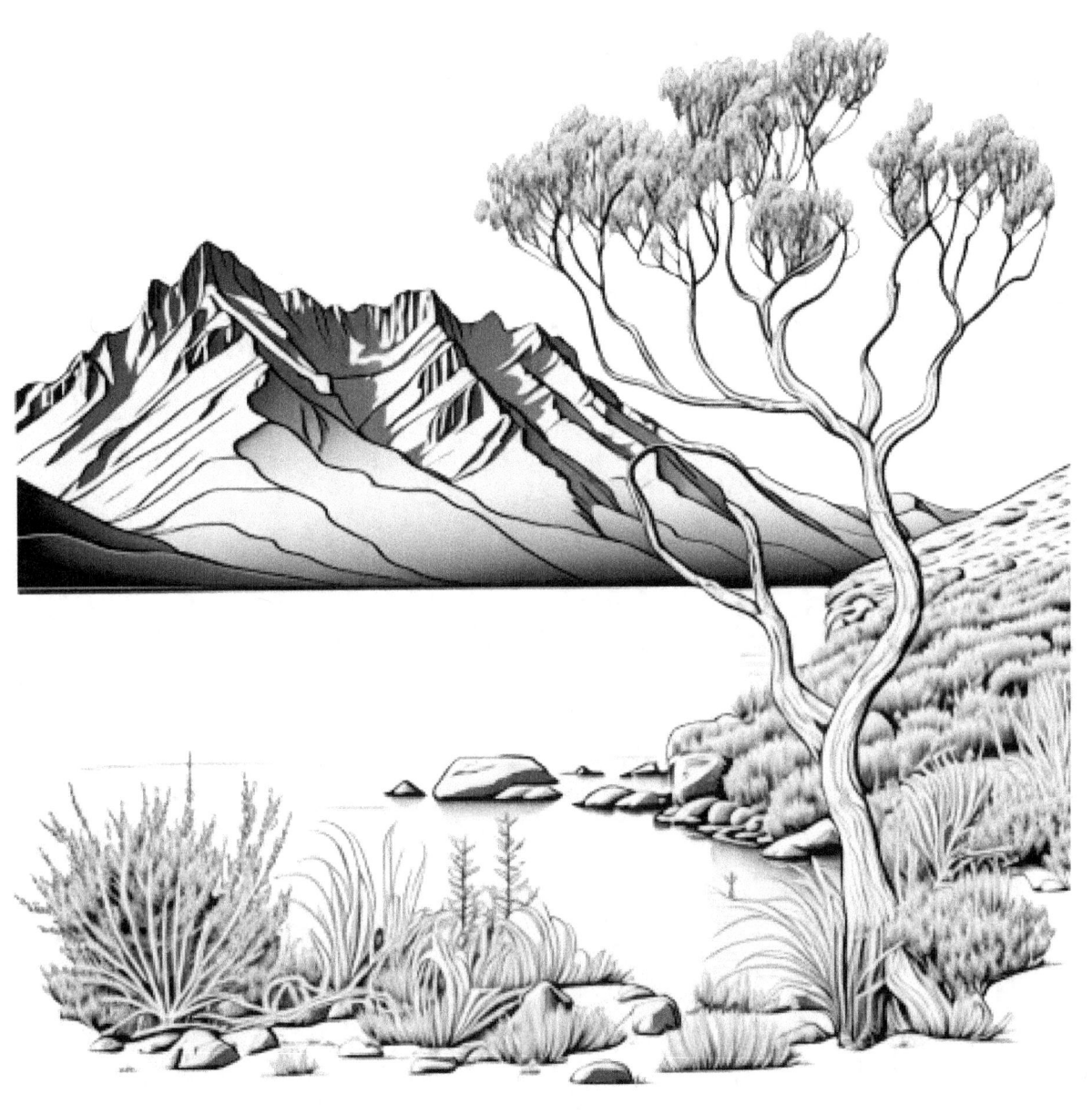

Torres del Paine, Patagonia

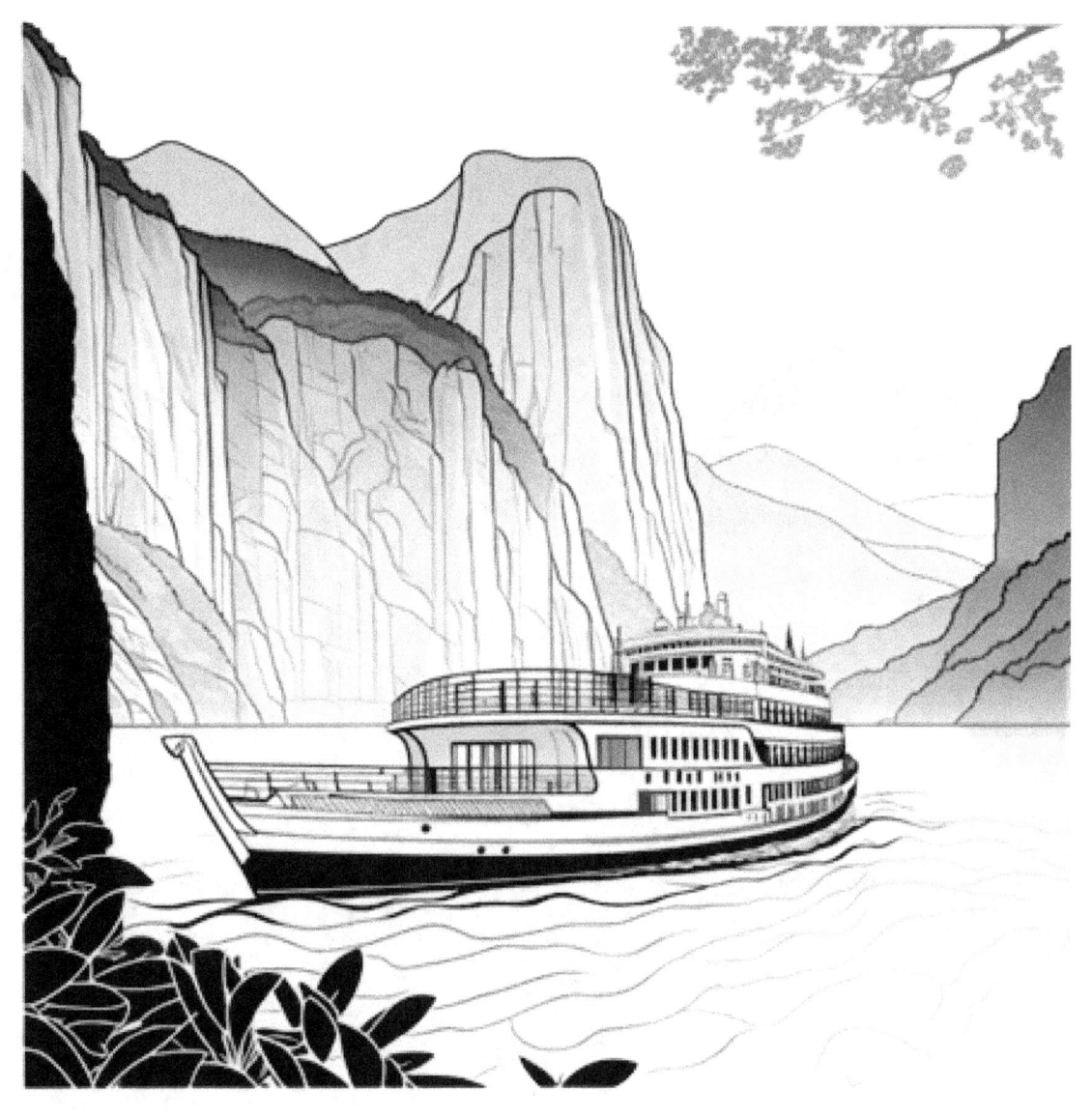

Tres Gargantas del Río Yangtsé, China

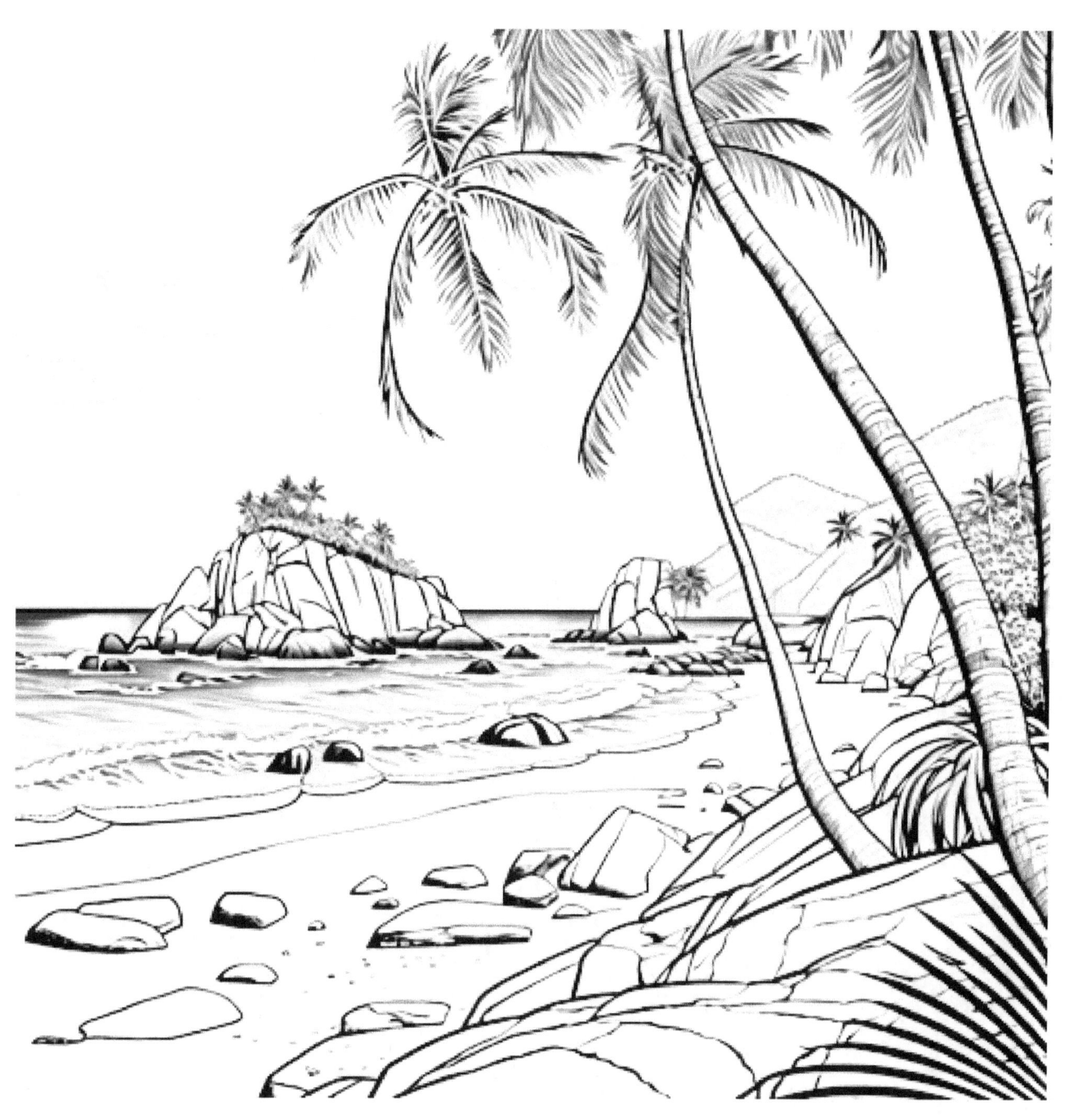

Parque Tayrona, Colombia

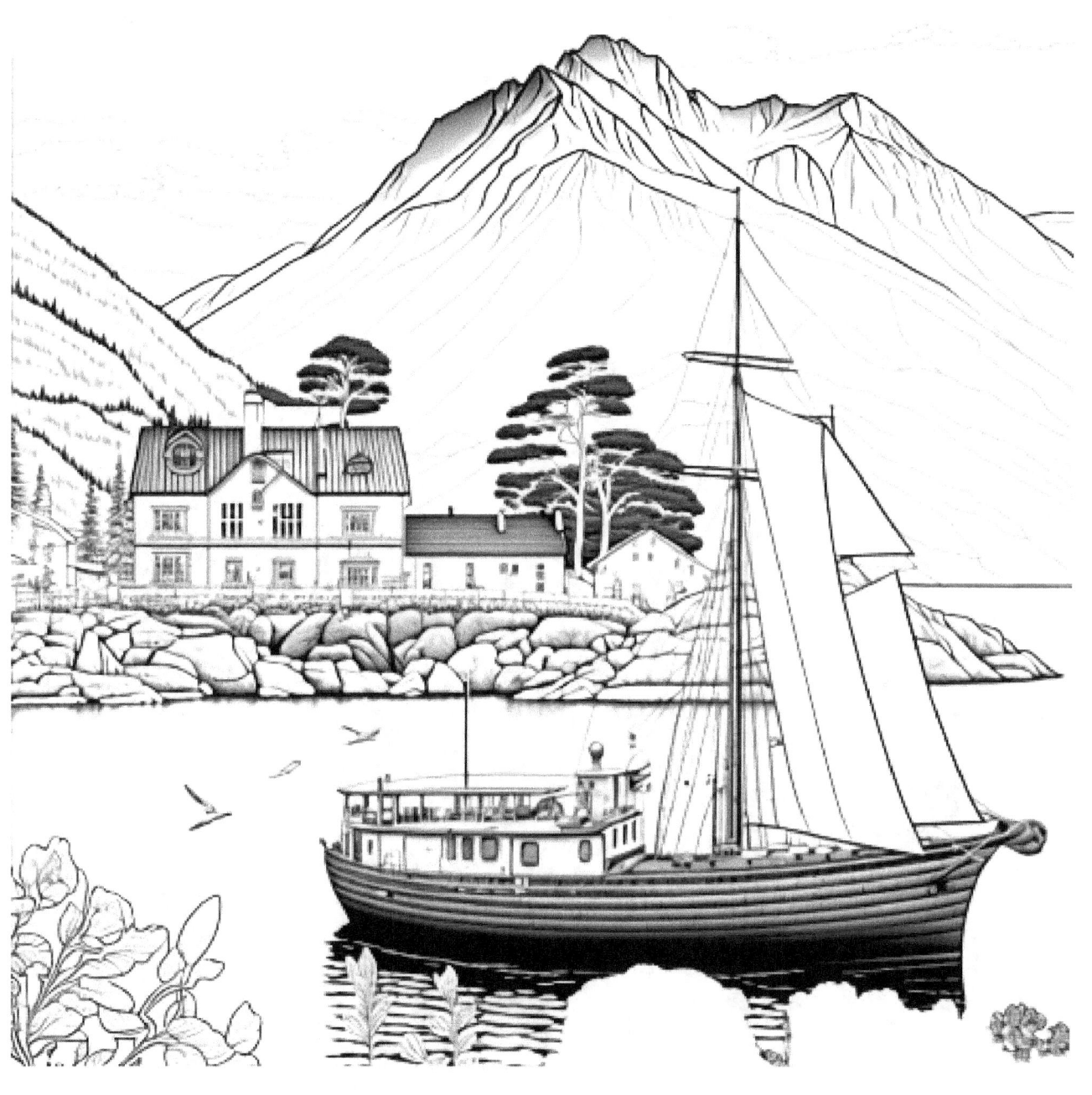

Sognefjord, Noruega

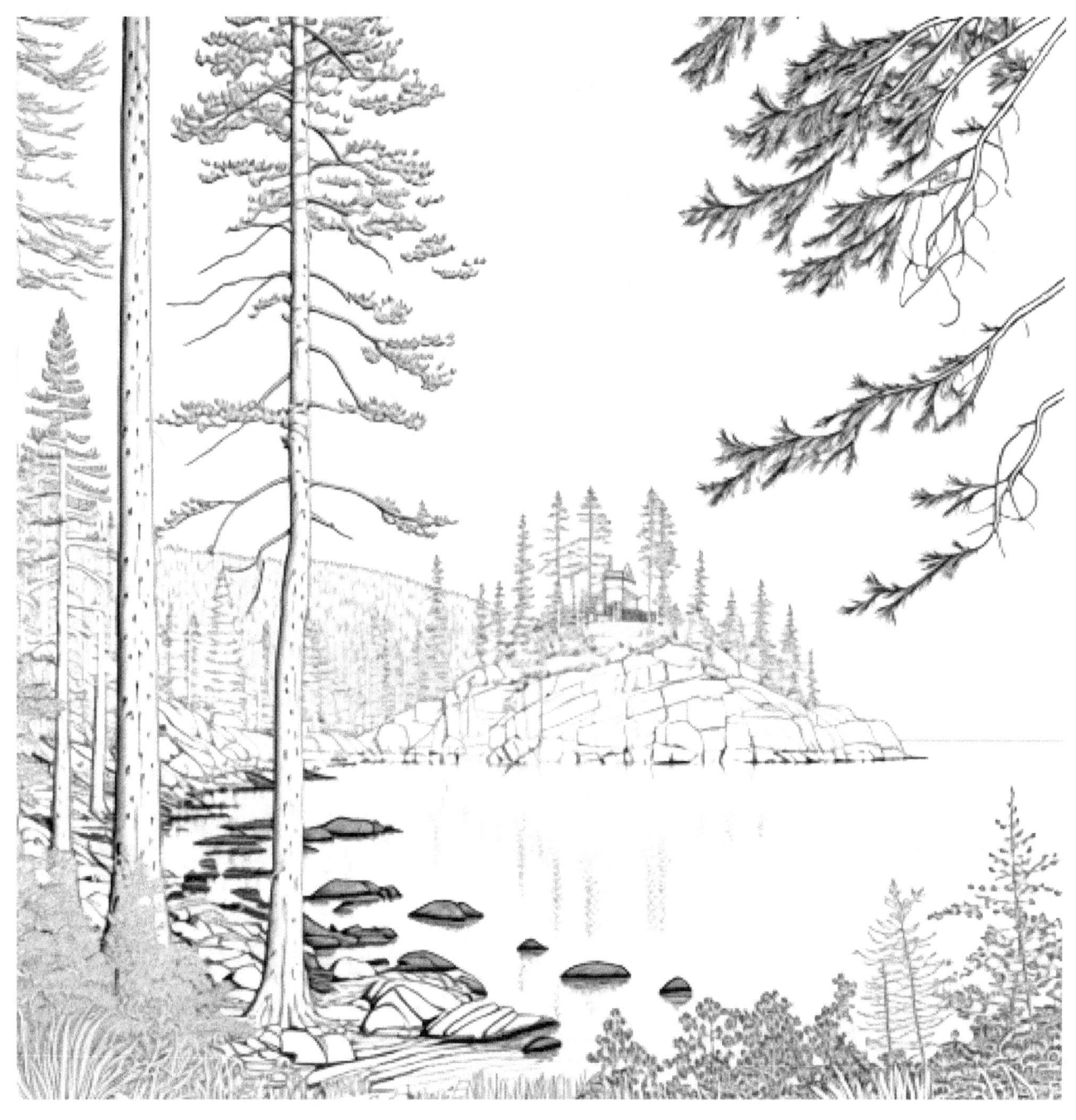

Riisitunturi Parque Nacional, Finlandia

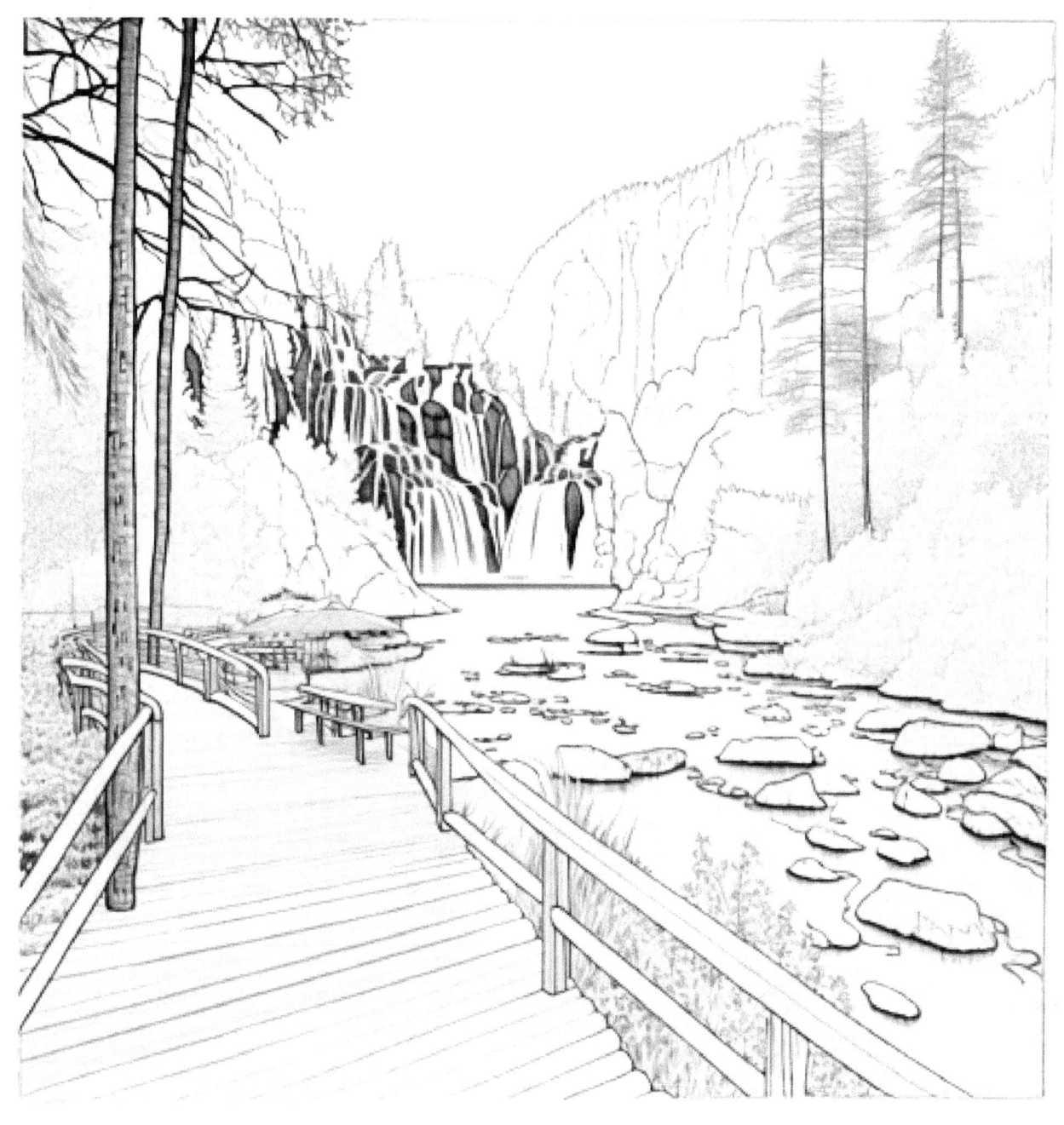

Plitvice Parque Nacional, Croatia

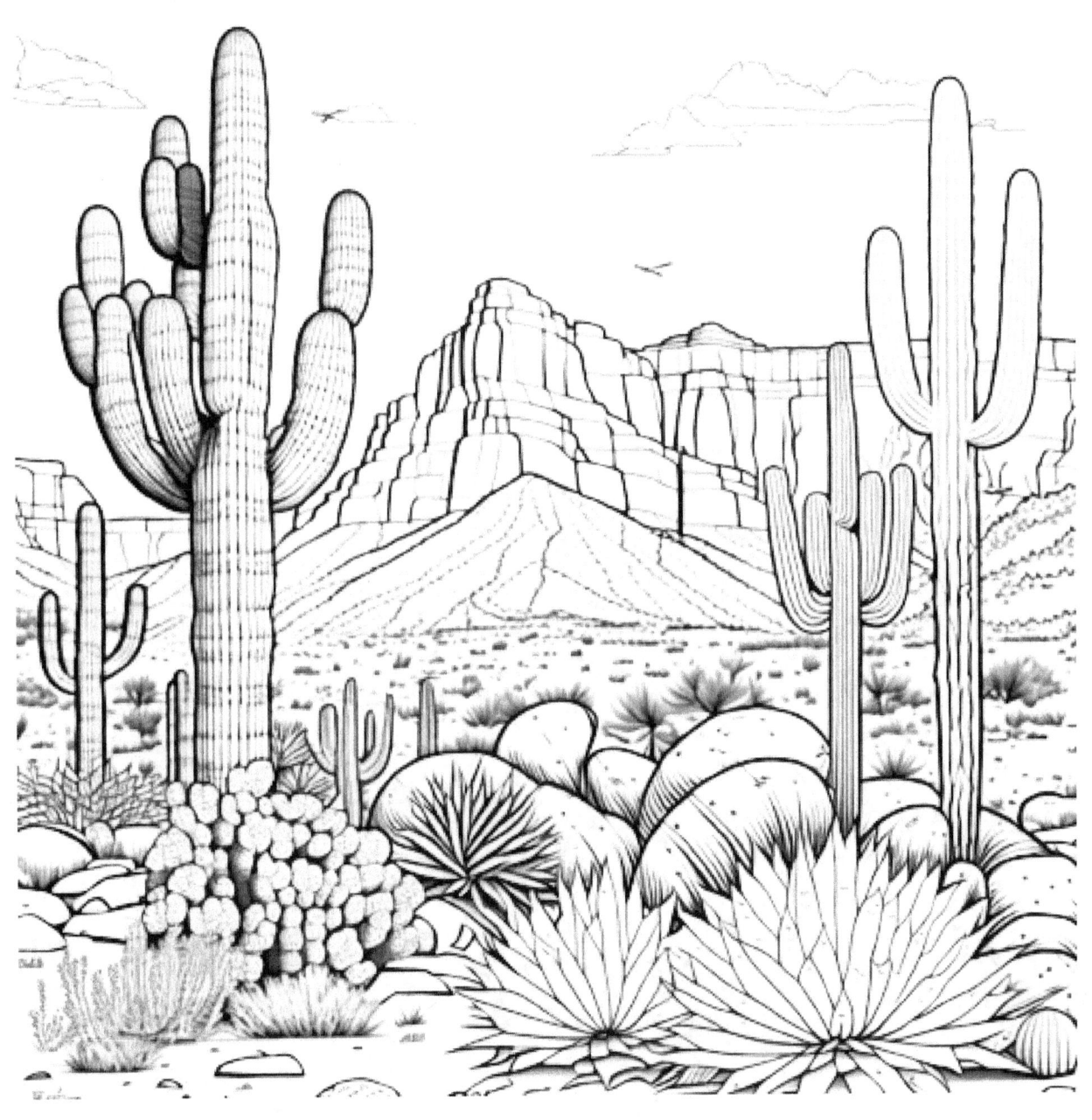

Rocas de Arizona

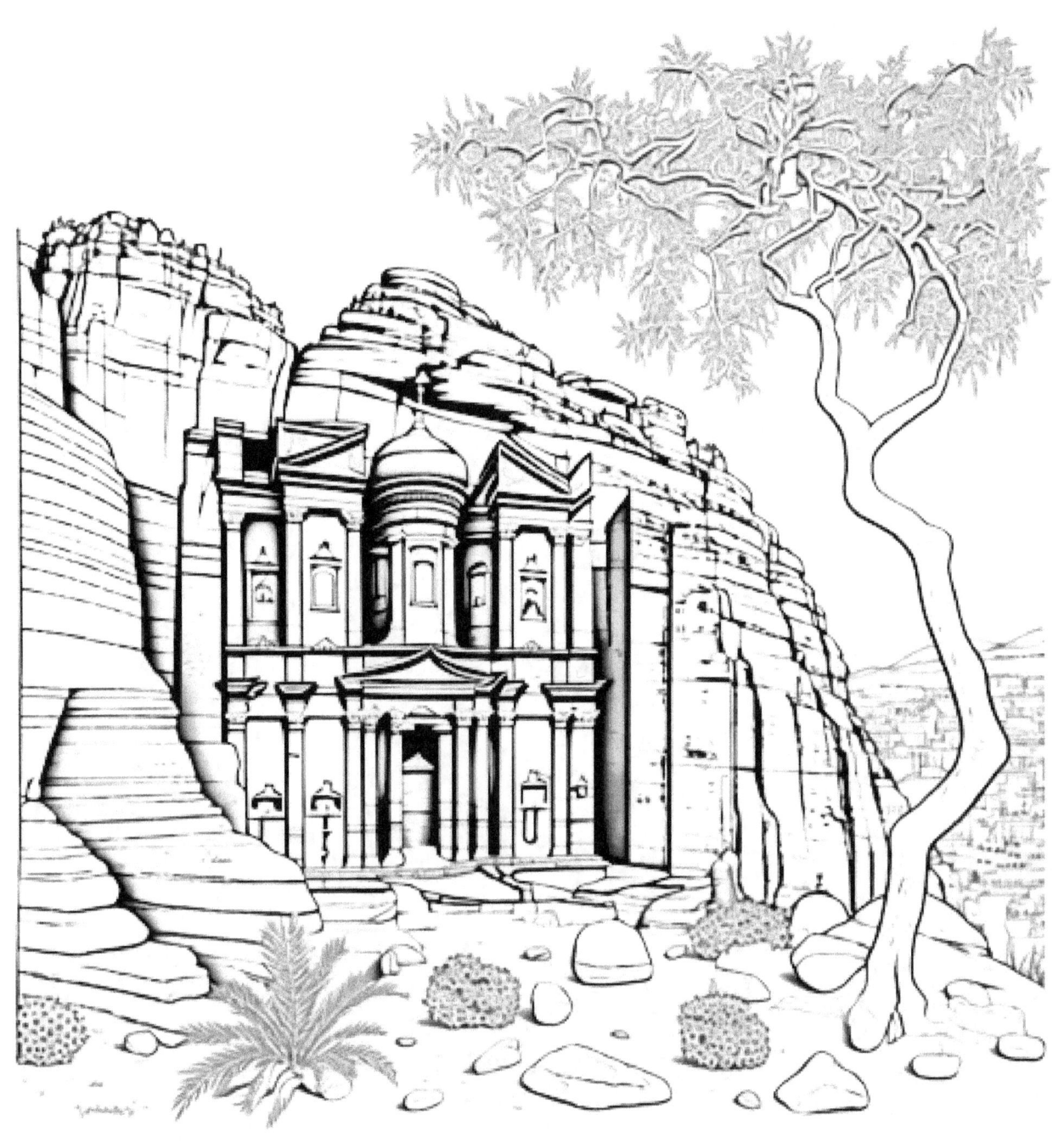

Petra, Jordania

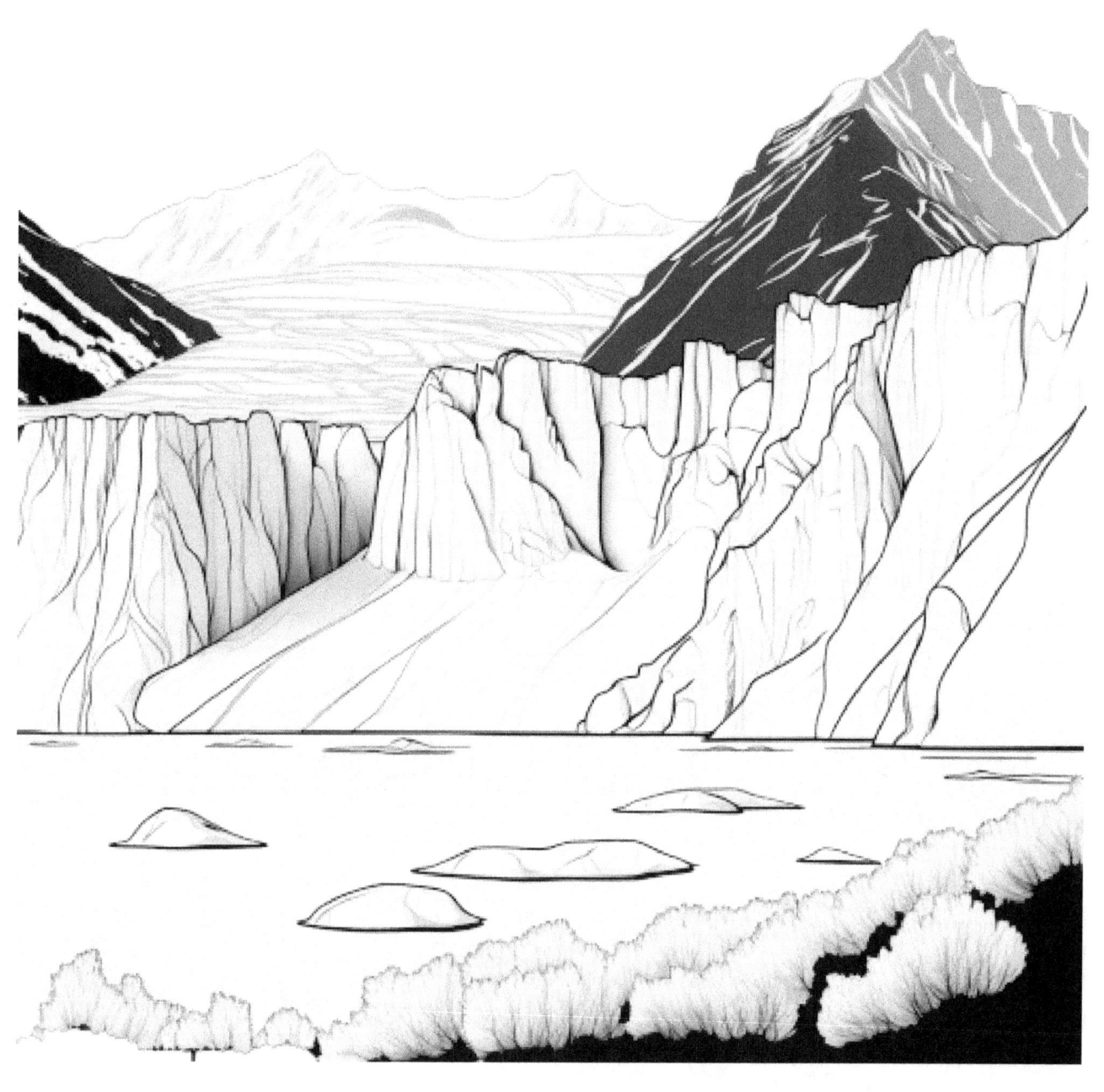

Perito Moreno Glaciar, Argentina

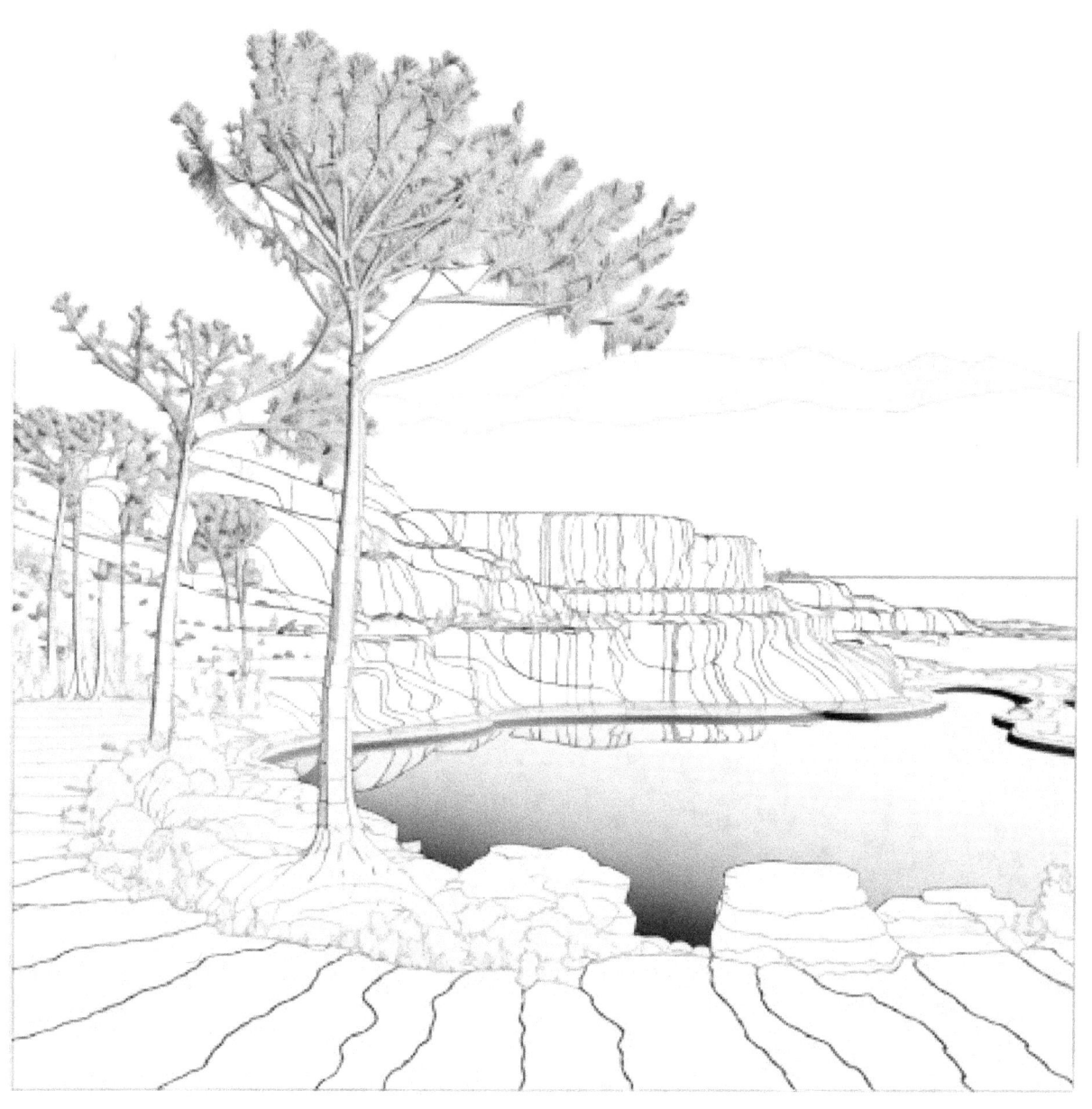

Pamukkale, Turquía

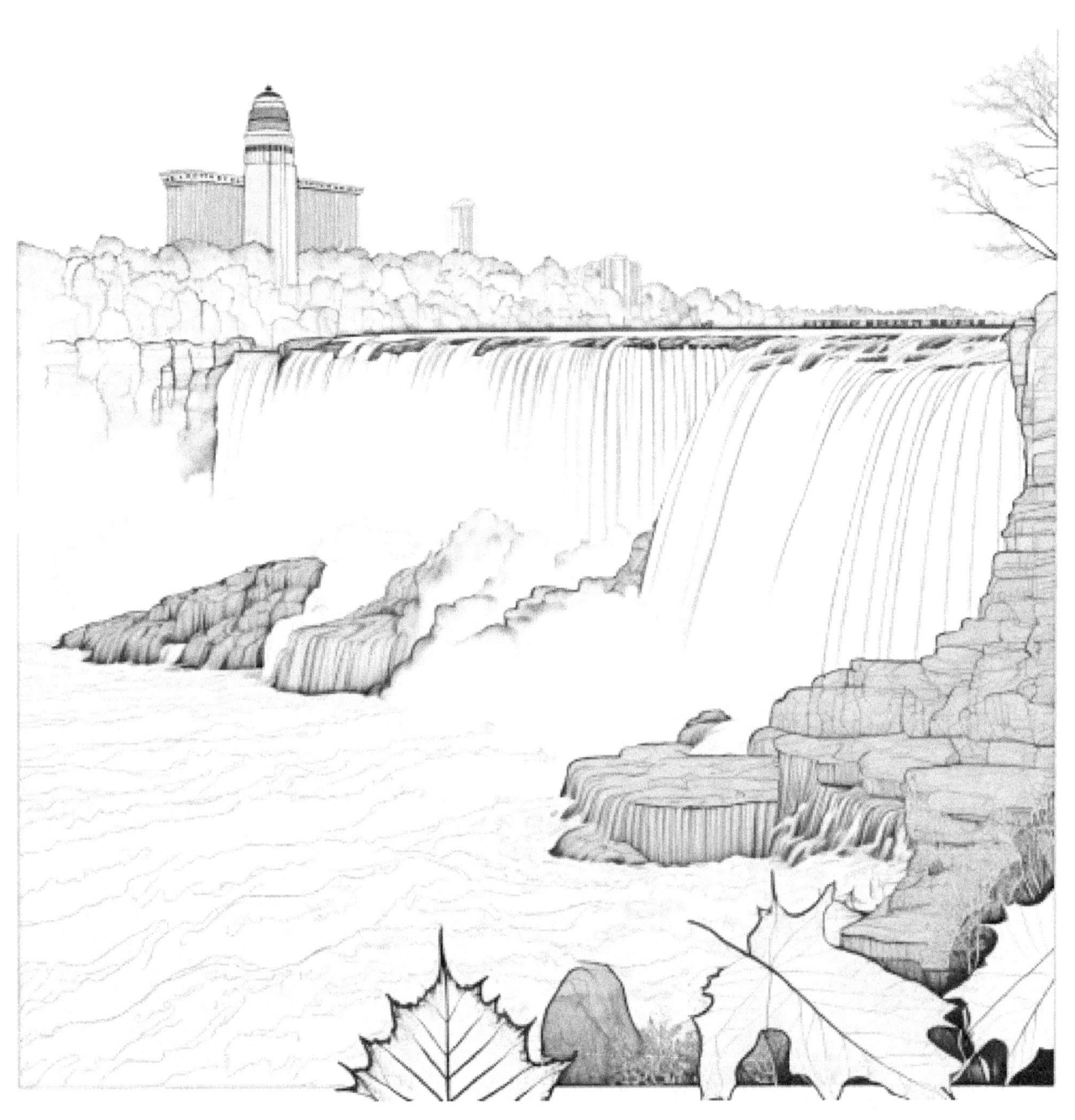

Cataratas del Niágara

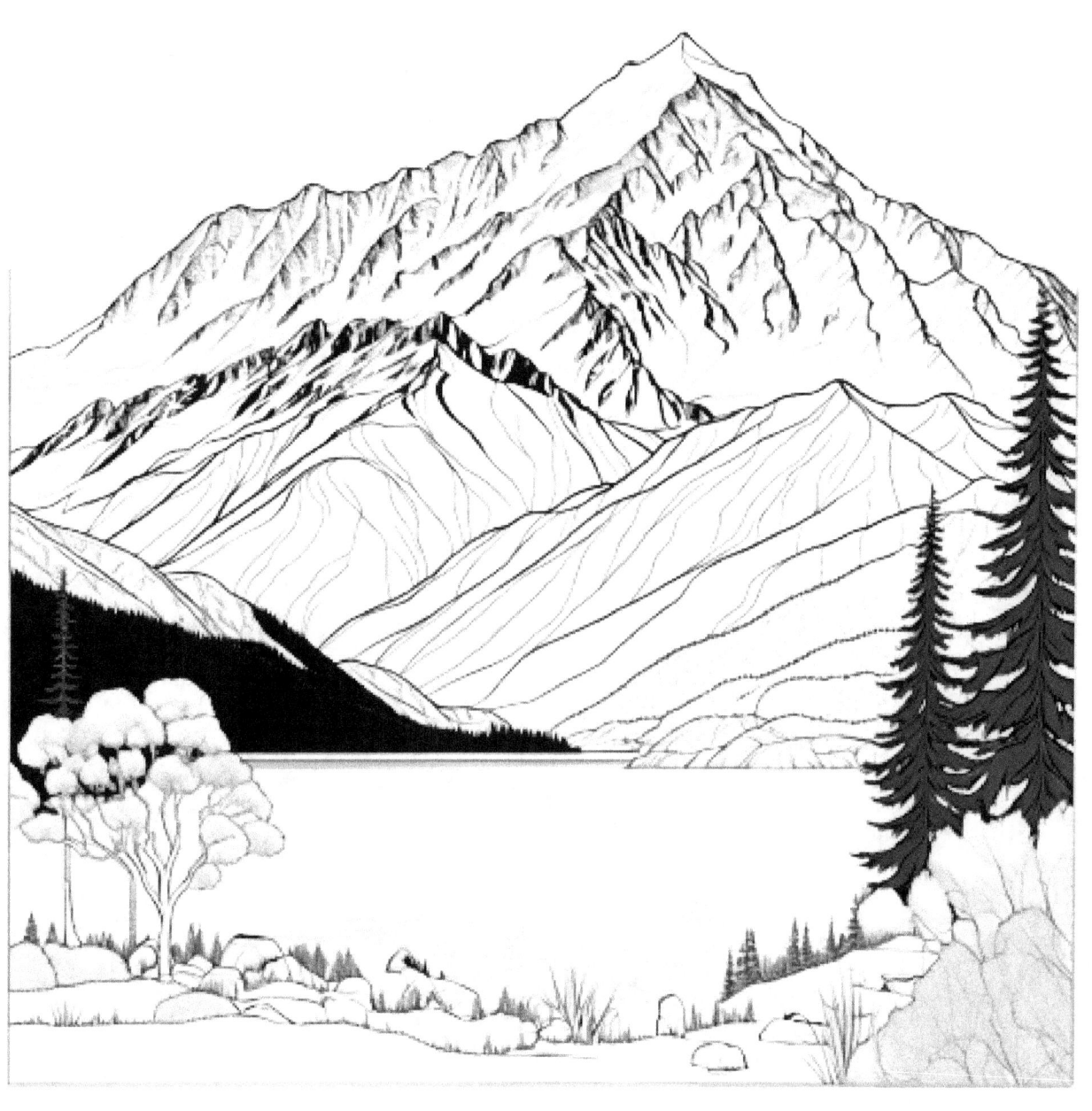

Monte Cook, Nueva Zelanda

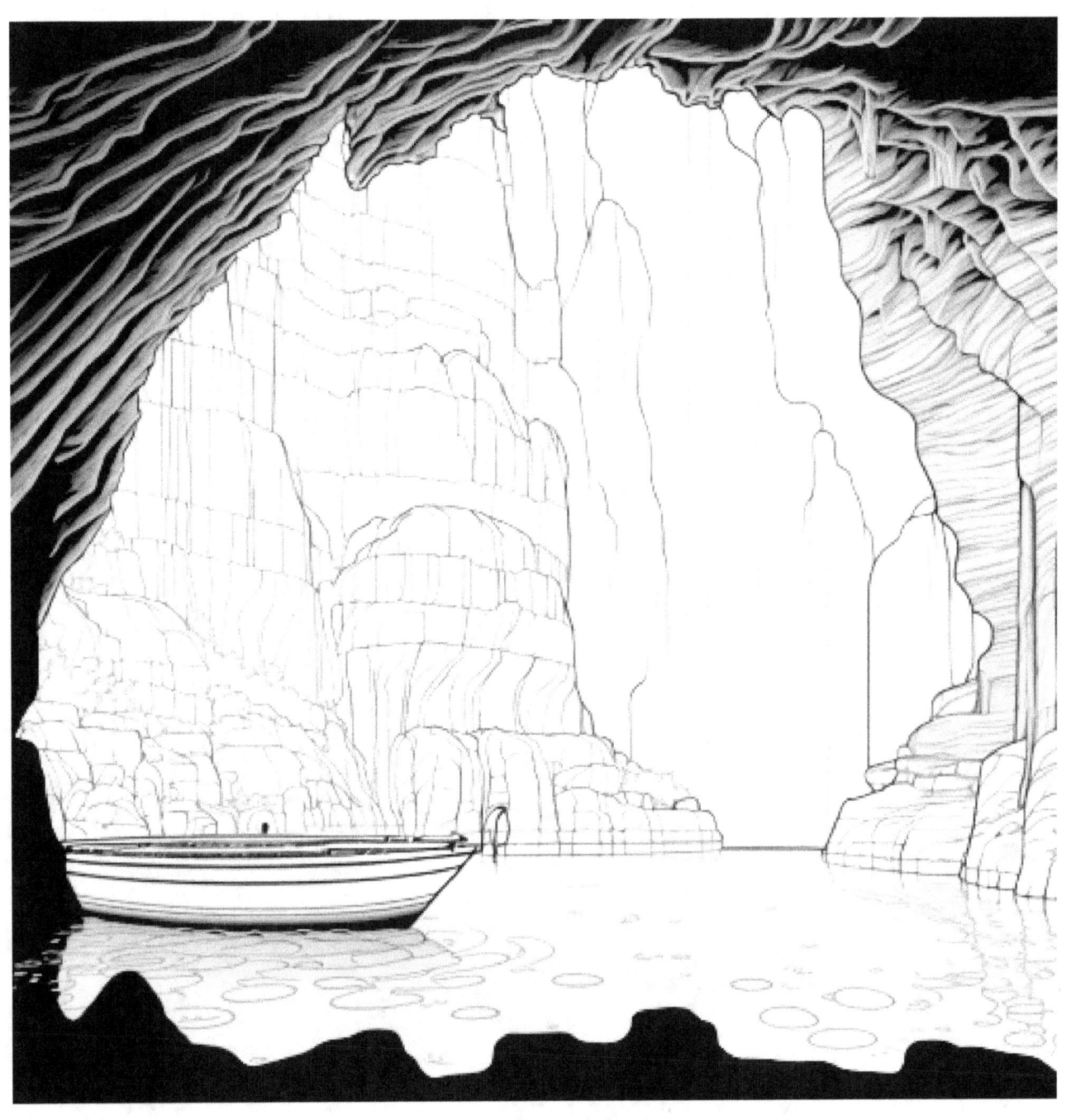

Cueva Melissani, Grecia

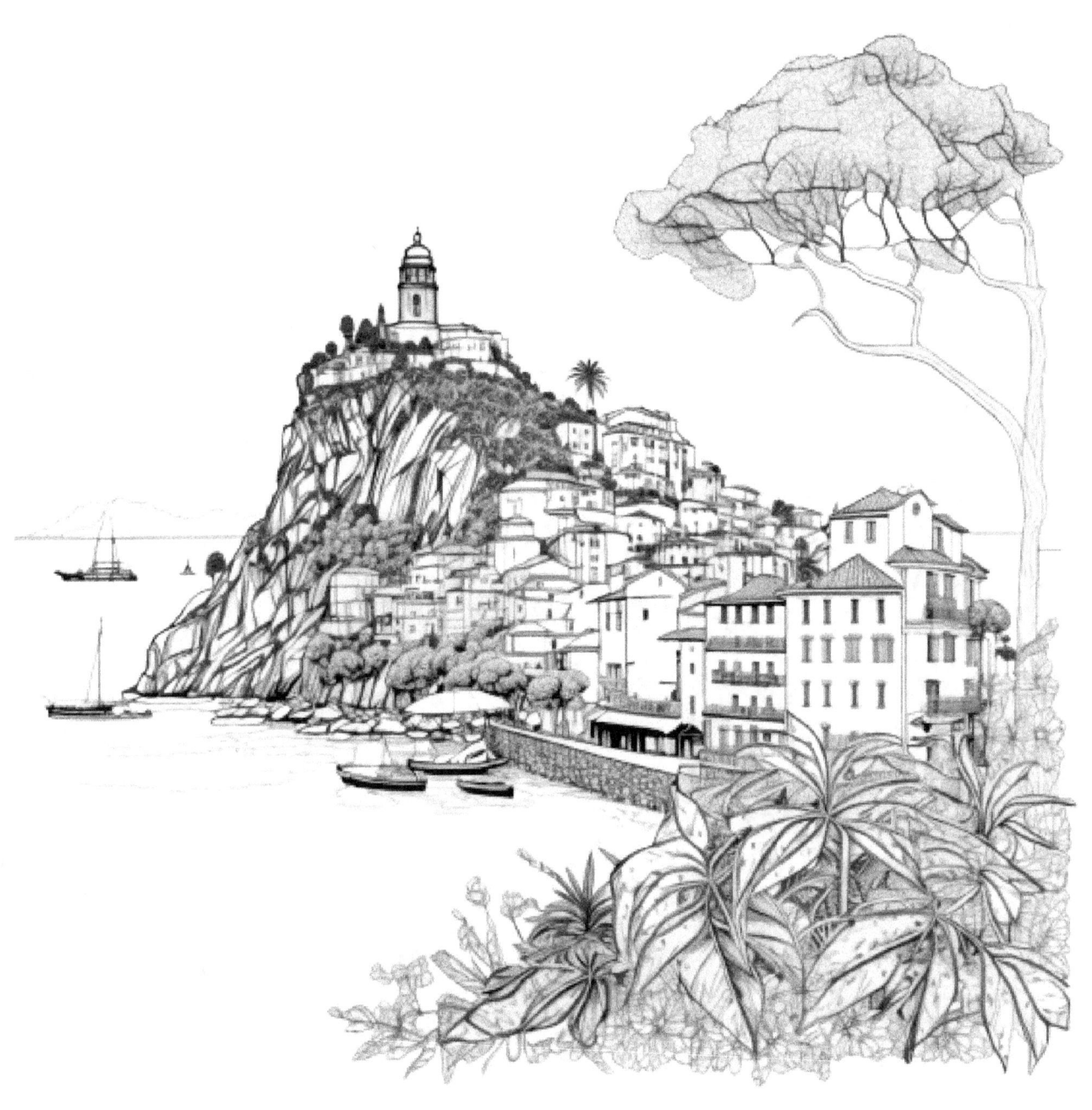

Madeira, Portugal

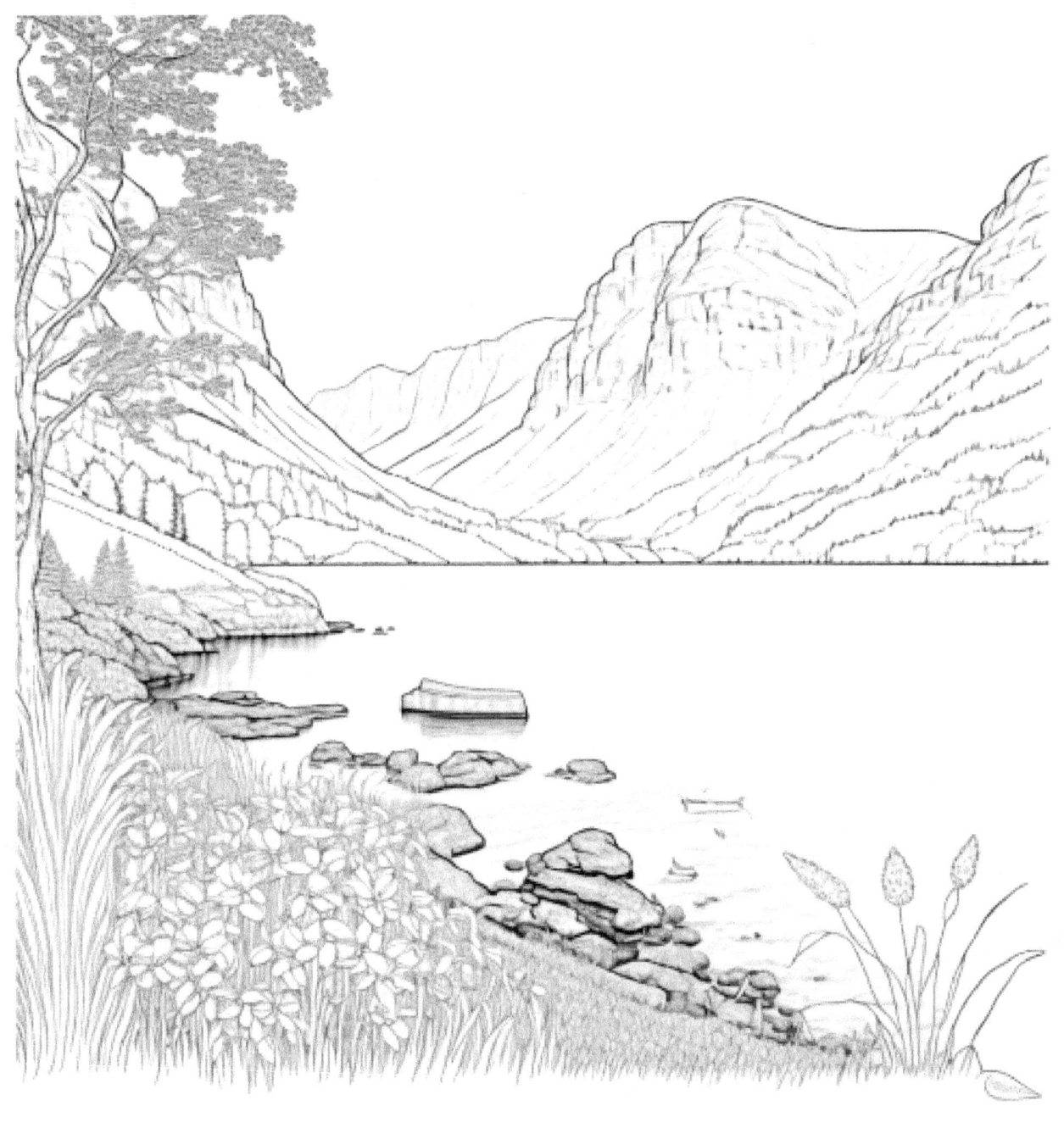

Lagos de Covadonga, España

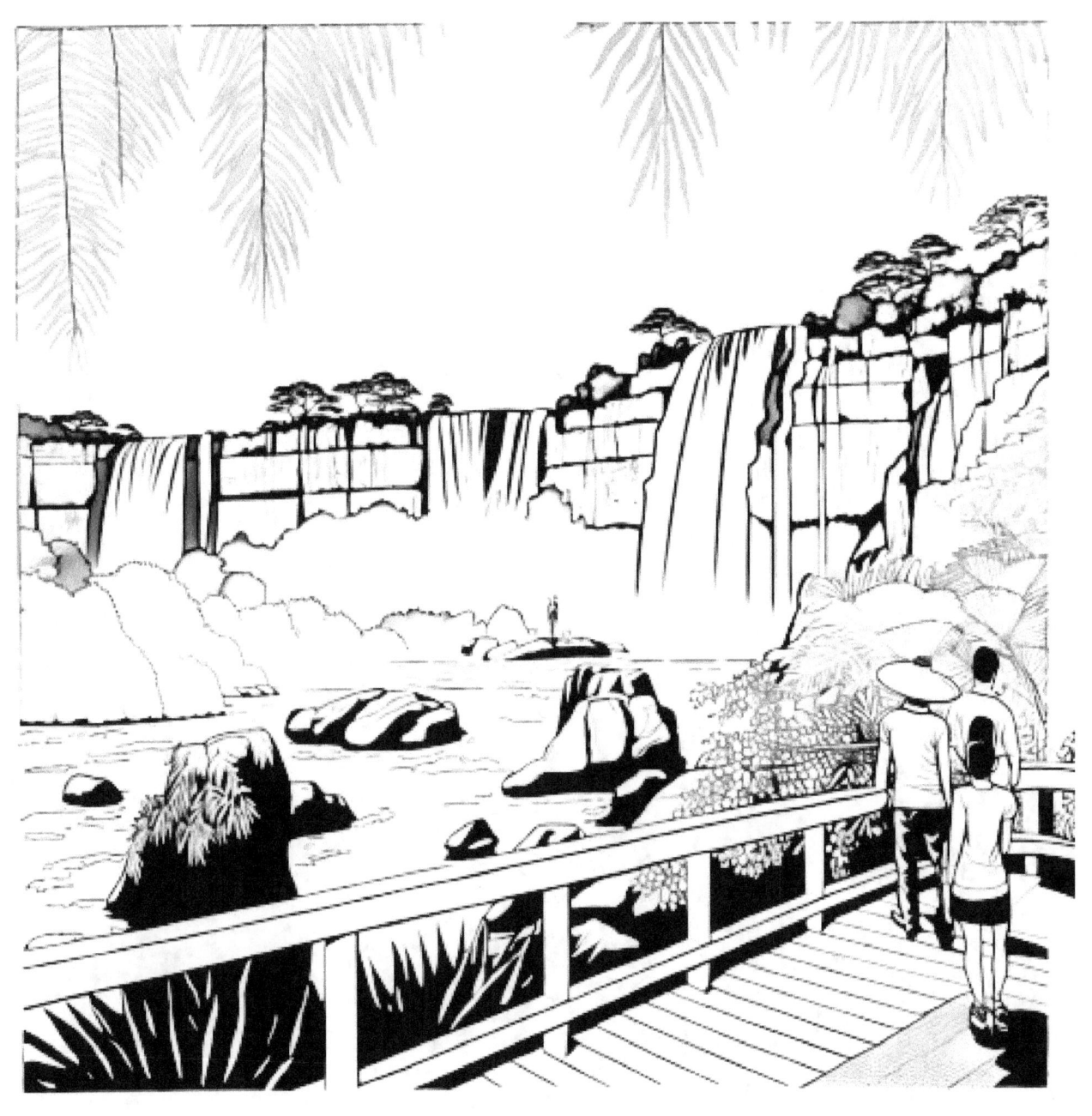

Cataratas de Iguazú, Brasil, Paraguay, Argentina

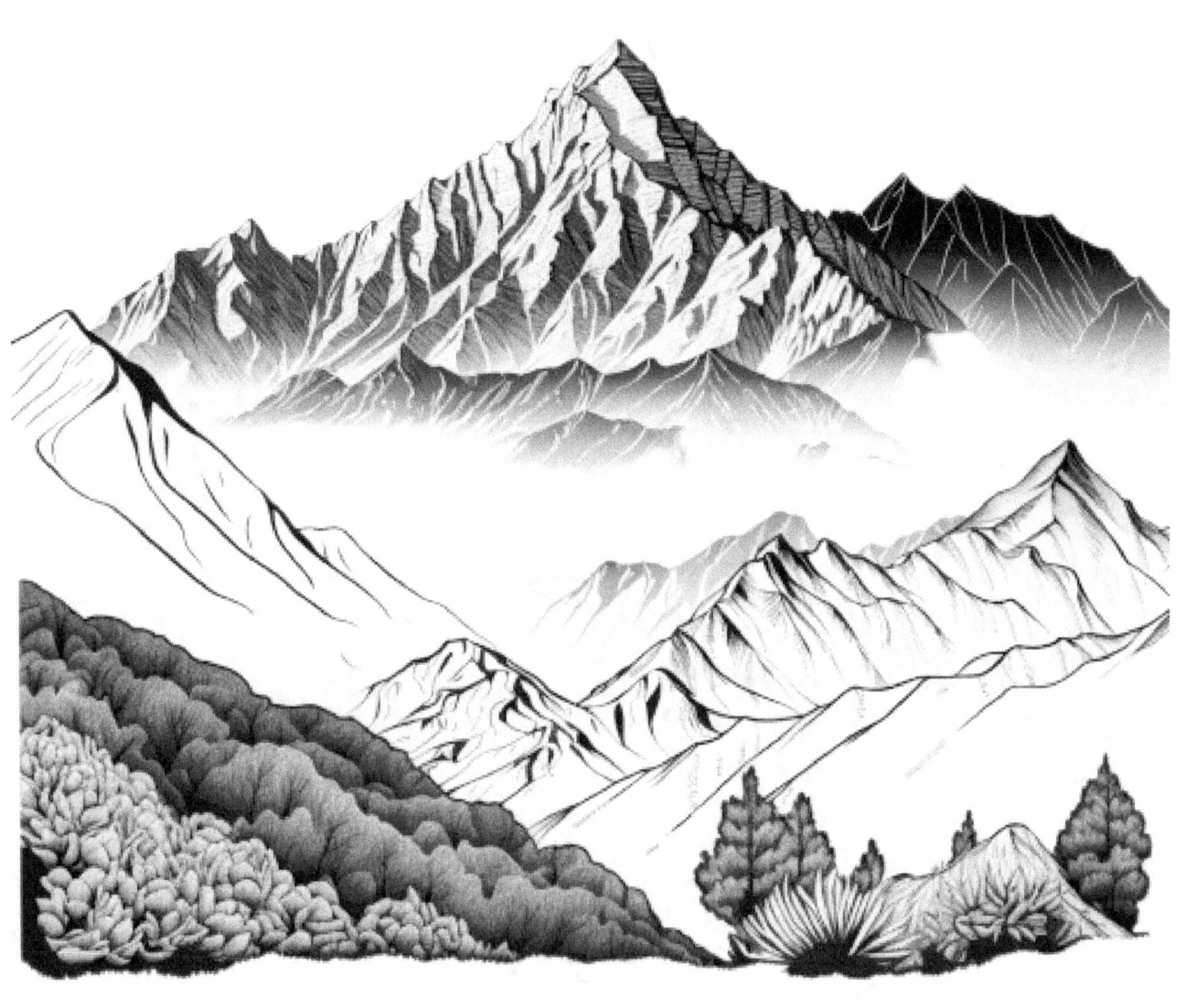

Montañas del Himalaya

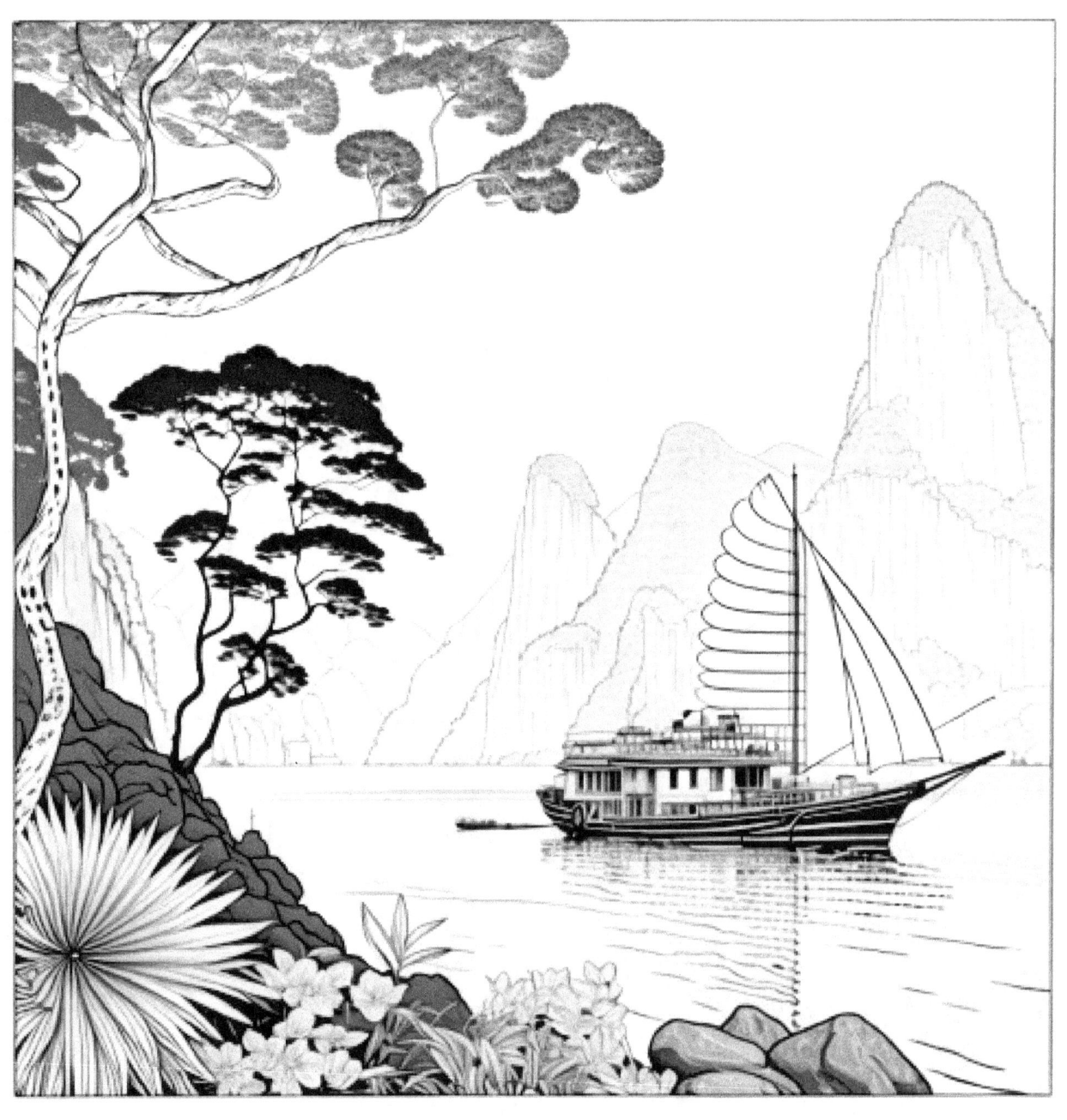

Ha Long Bay, Vietman

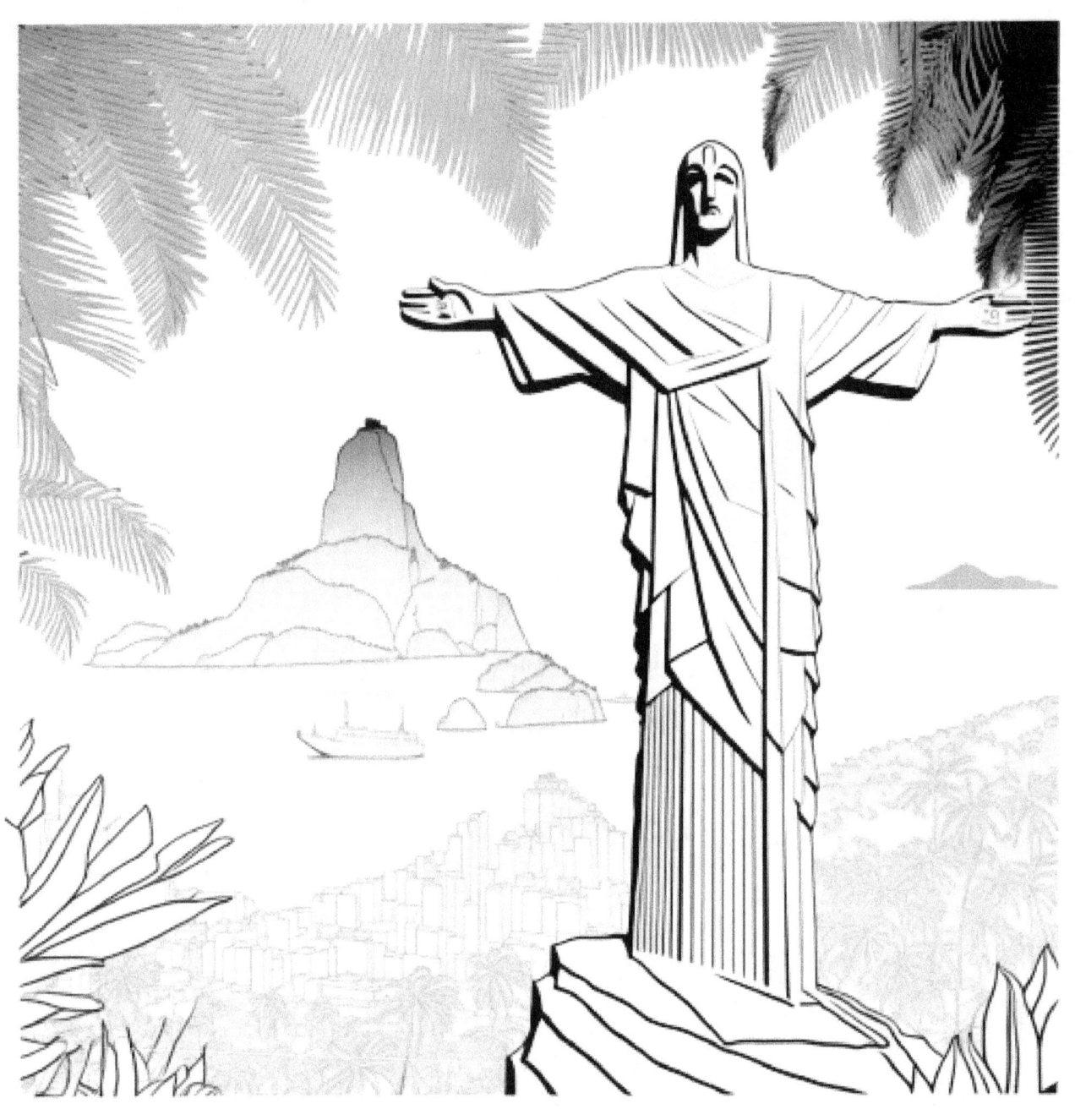

Corcovado, Río de Janeiro

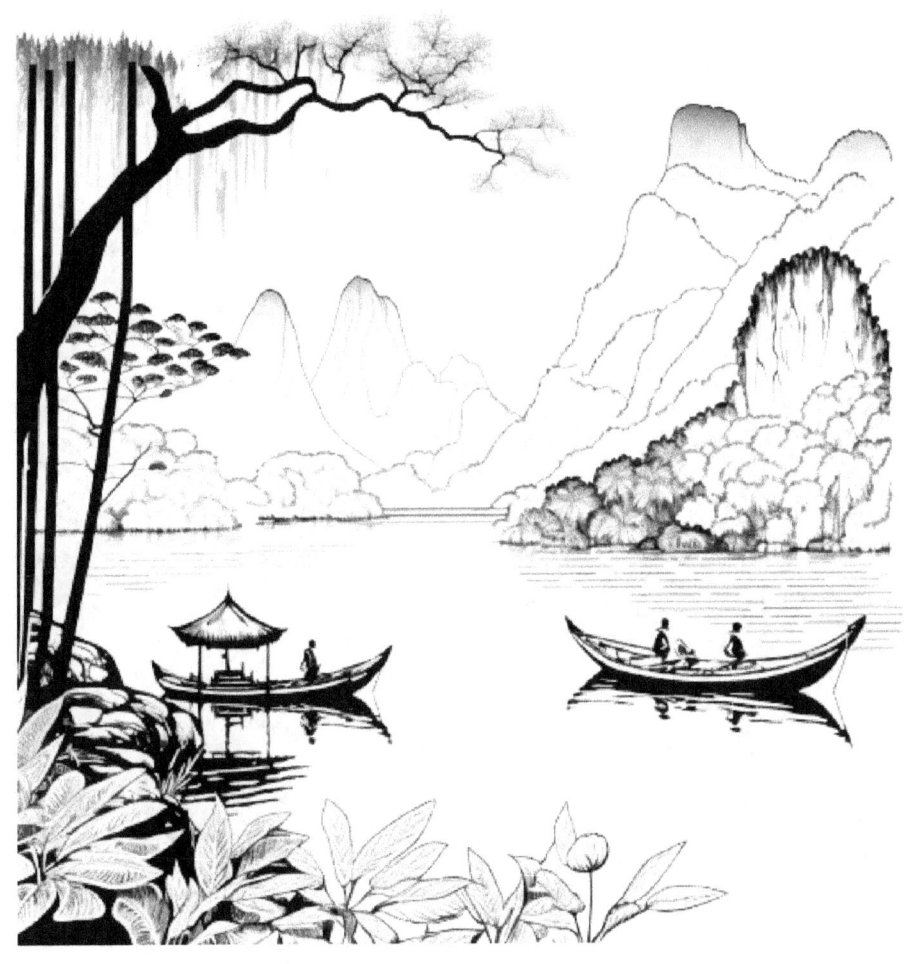

Río Guilin, China

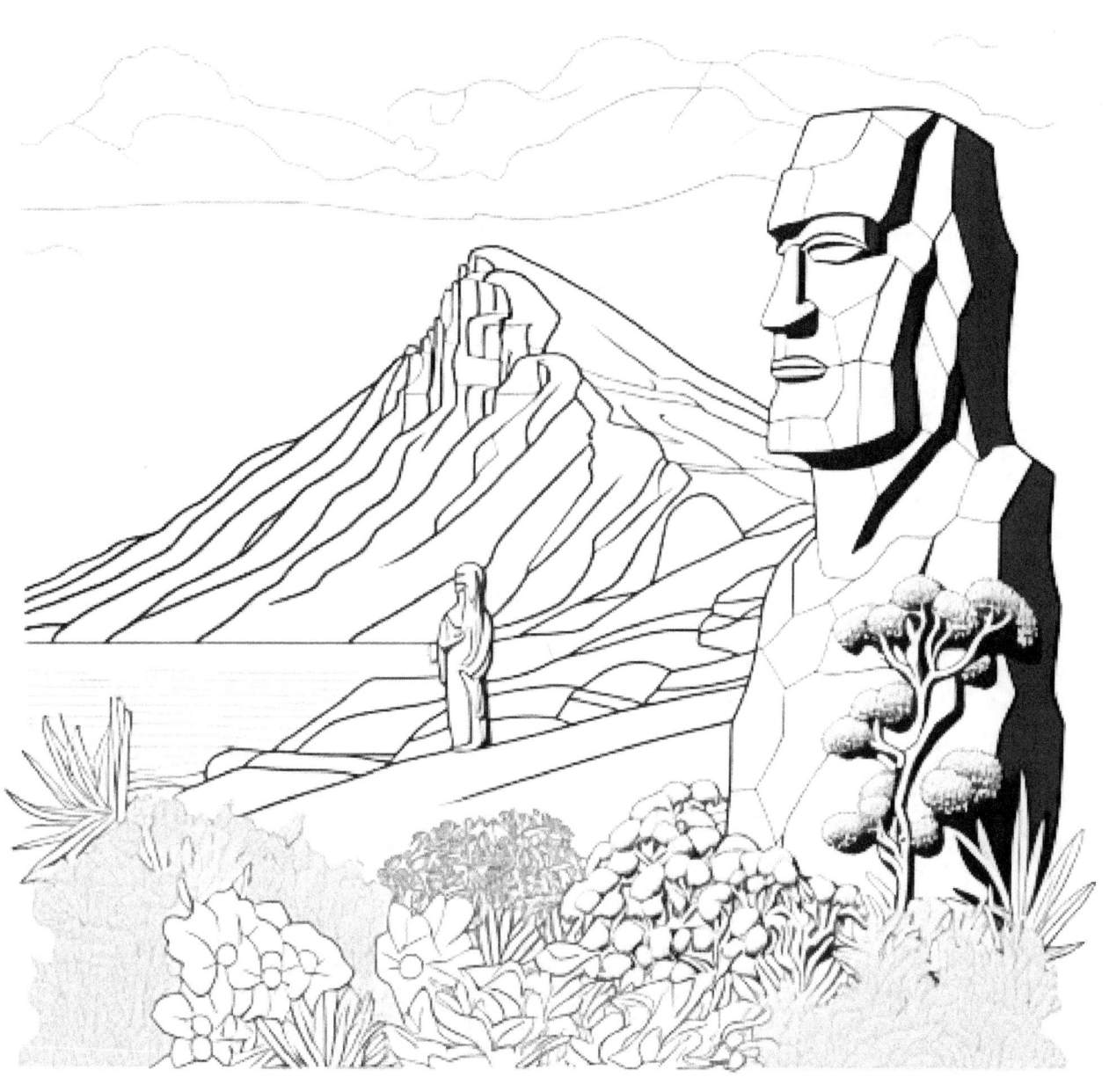

Isla de Pascua

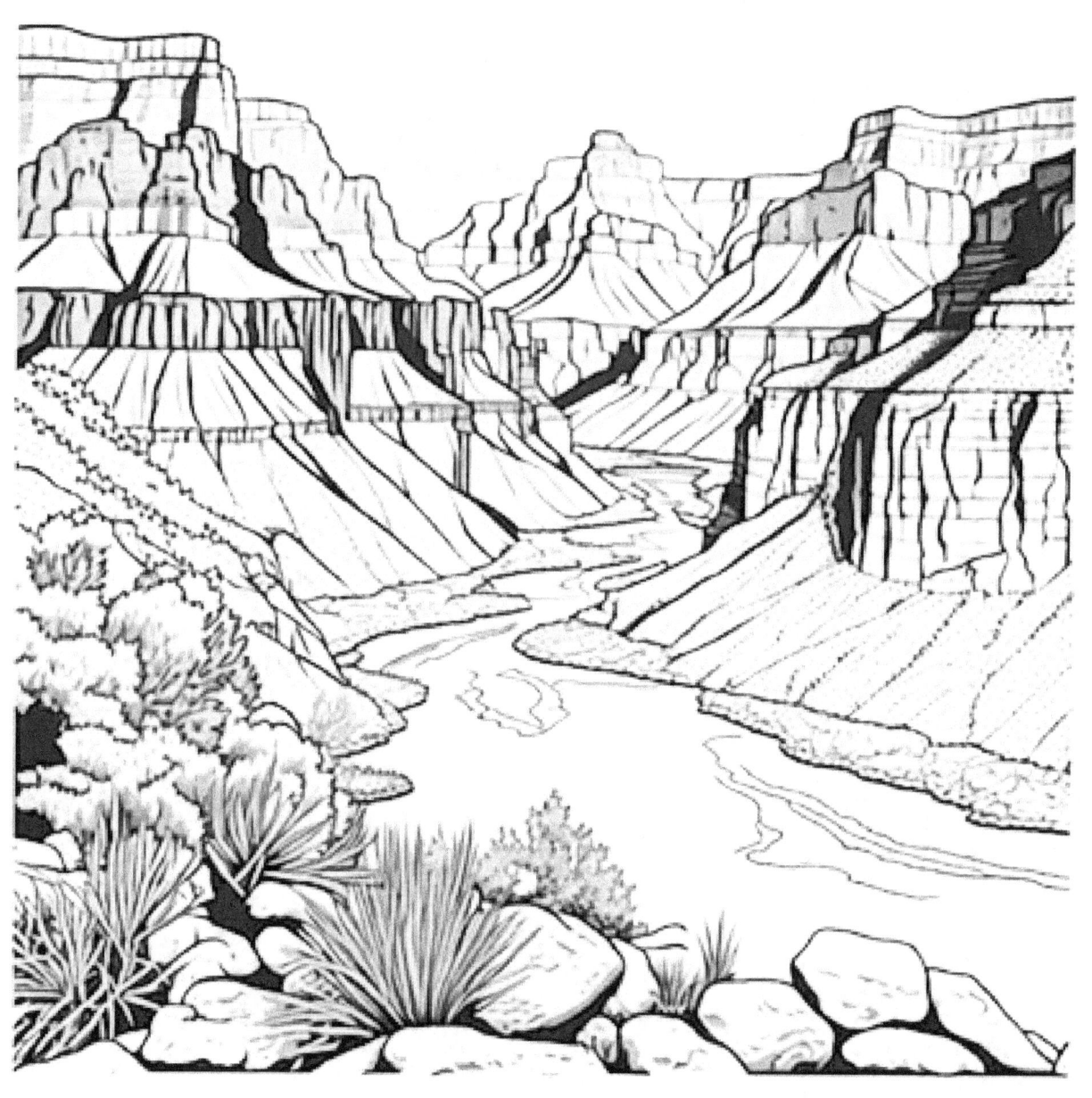

Gran Cañón del Colorado

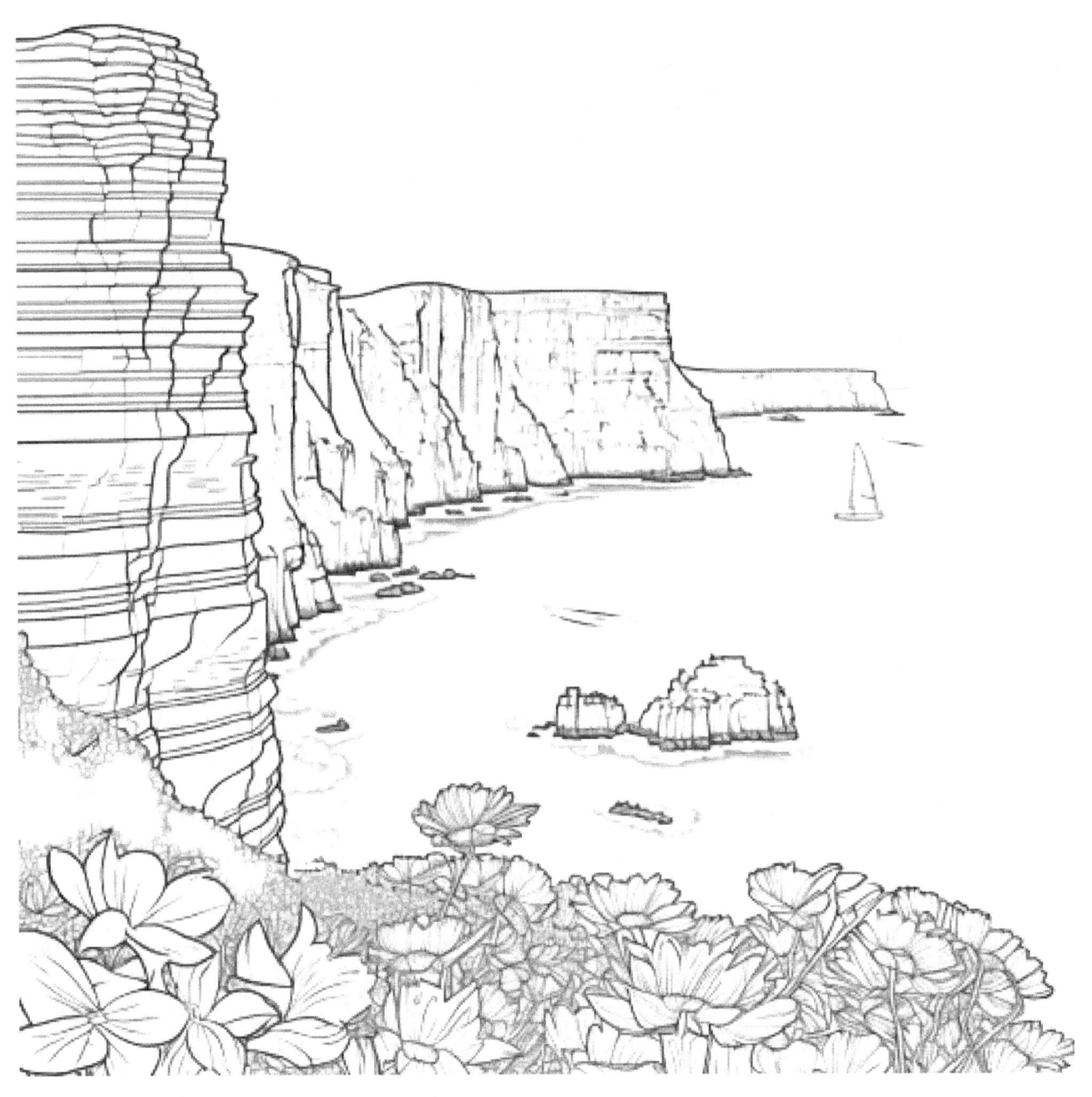

Acantilados de Moher, Irlanda

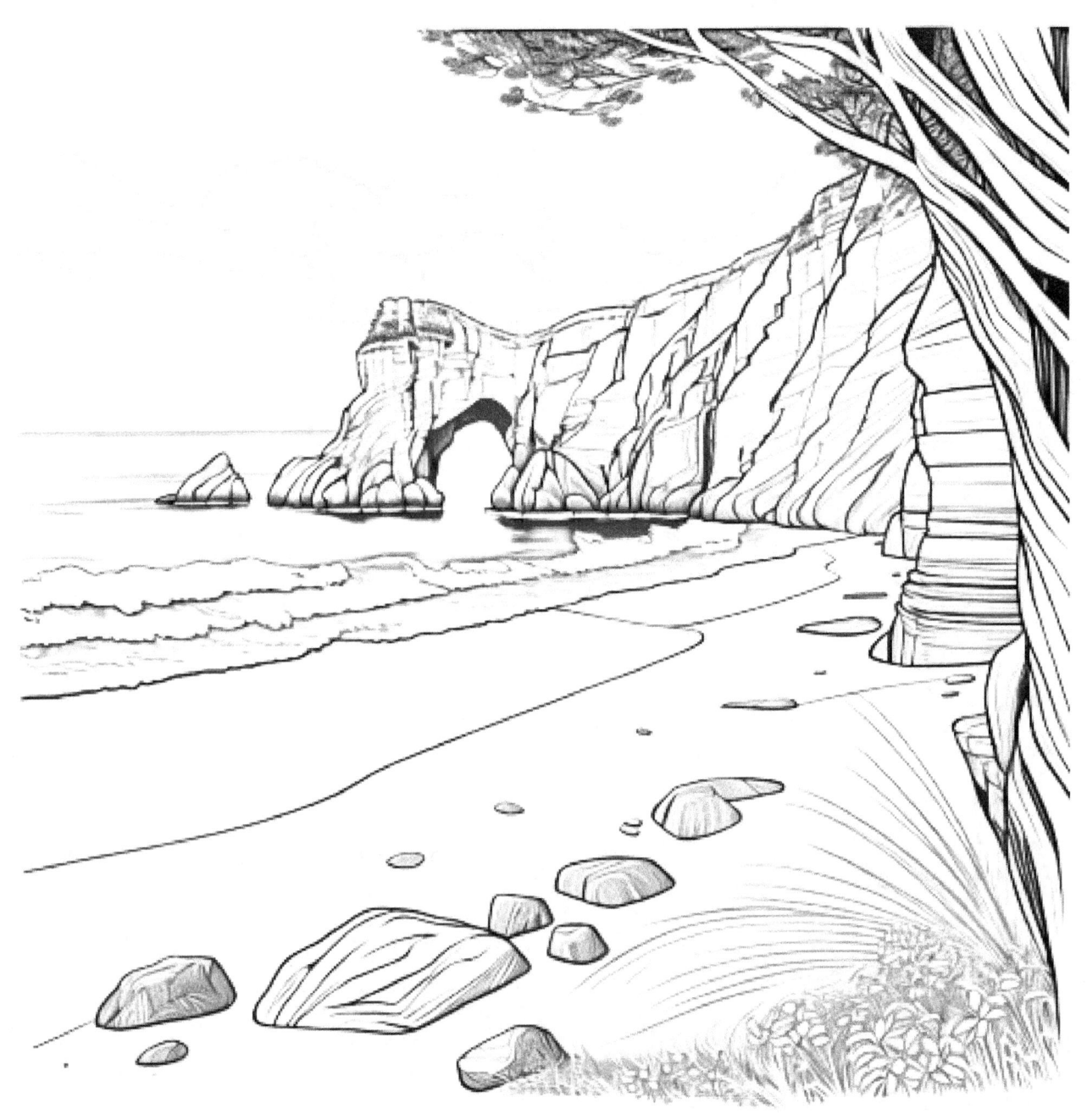

Playa de las Catedrales, España

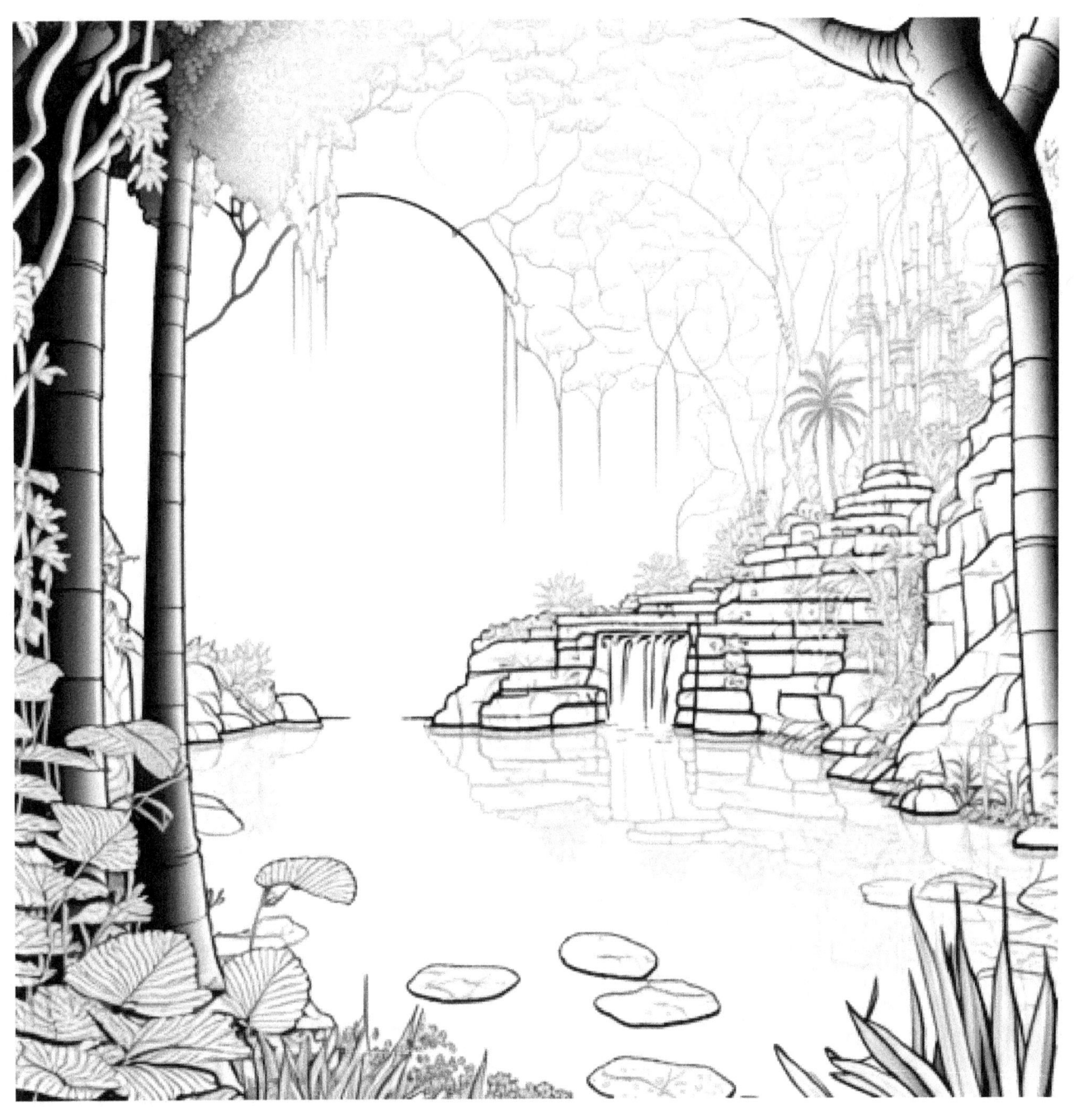

Cenotes de Yucatán, México

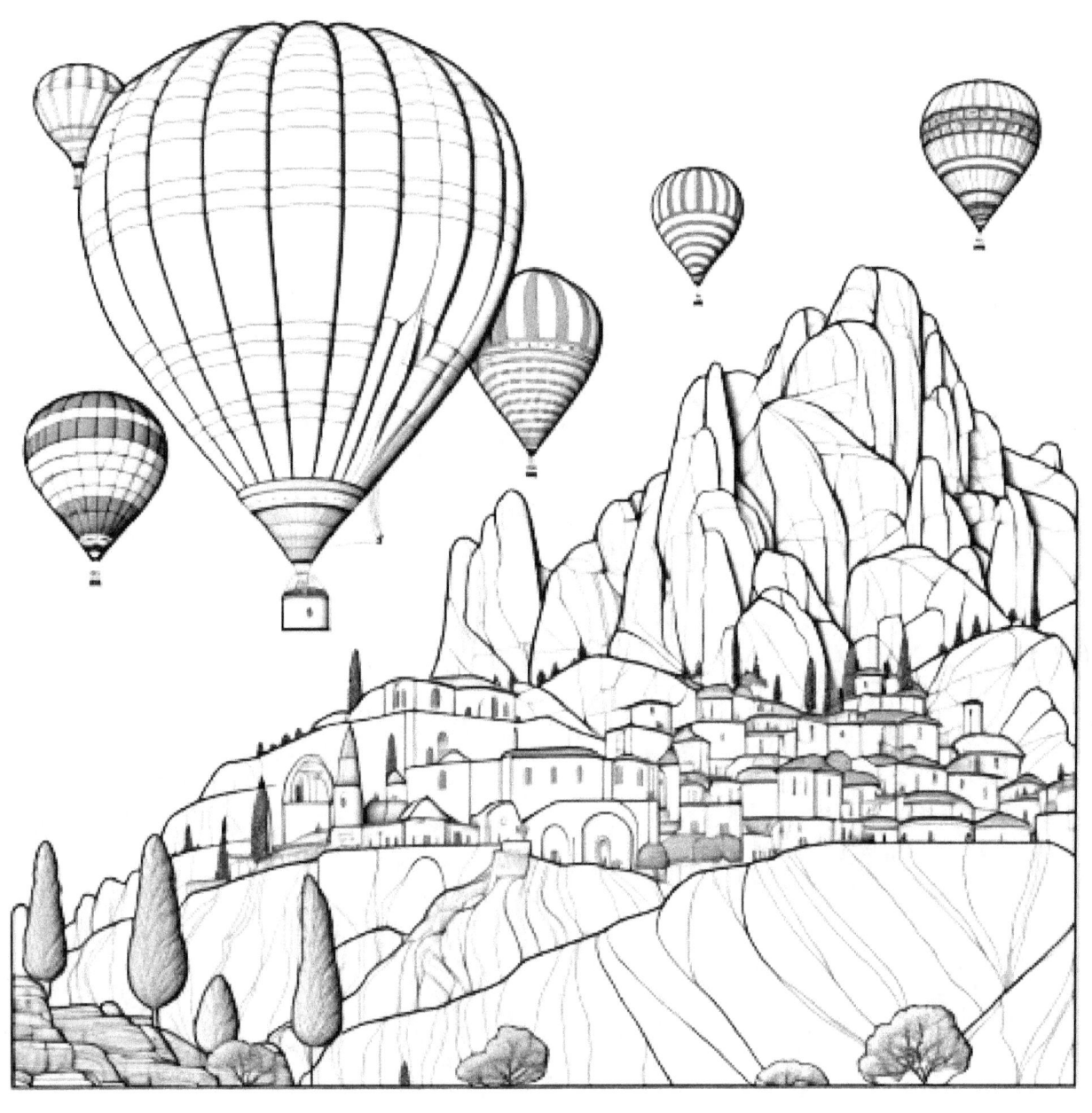

Capadocia, Turquía

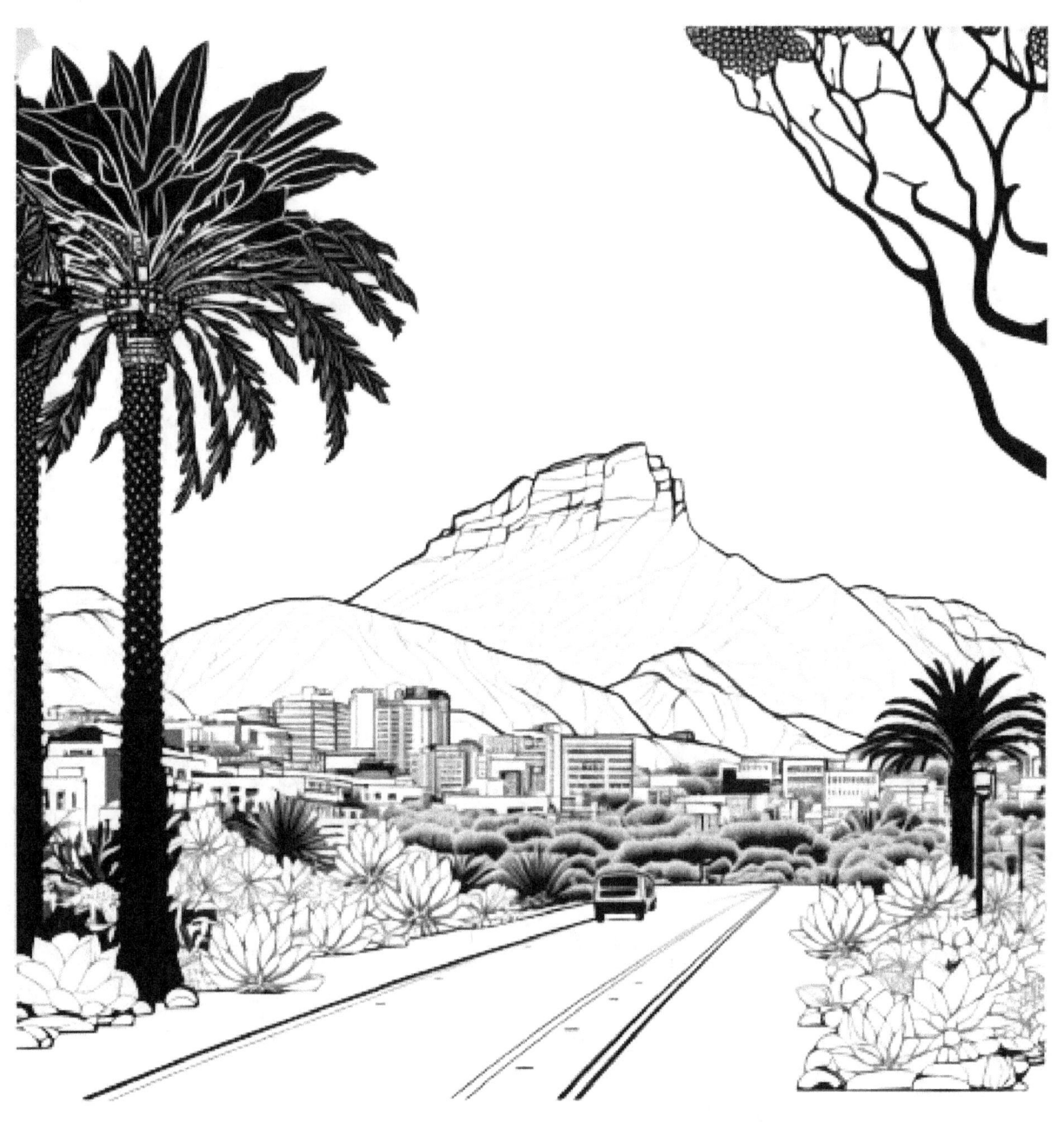

Ciudad del Cabo, Sudáfrica

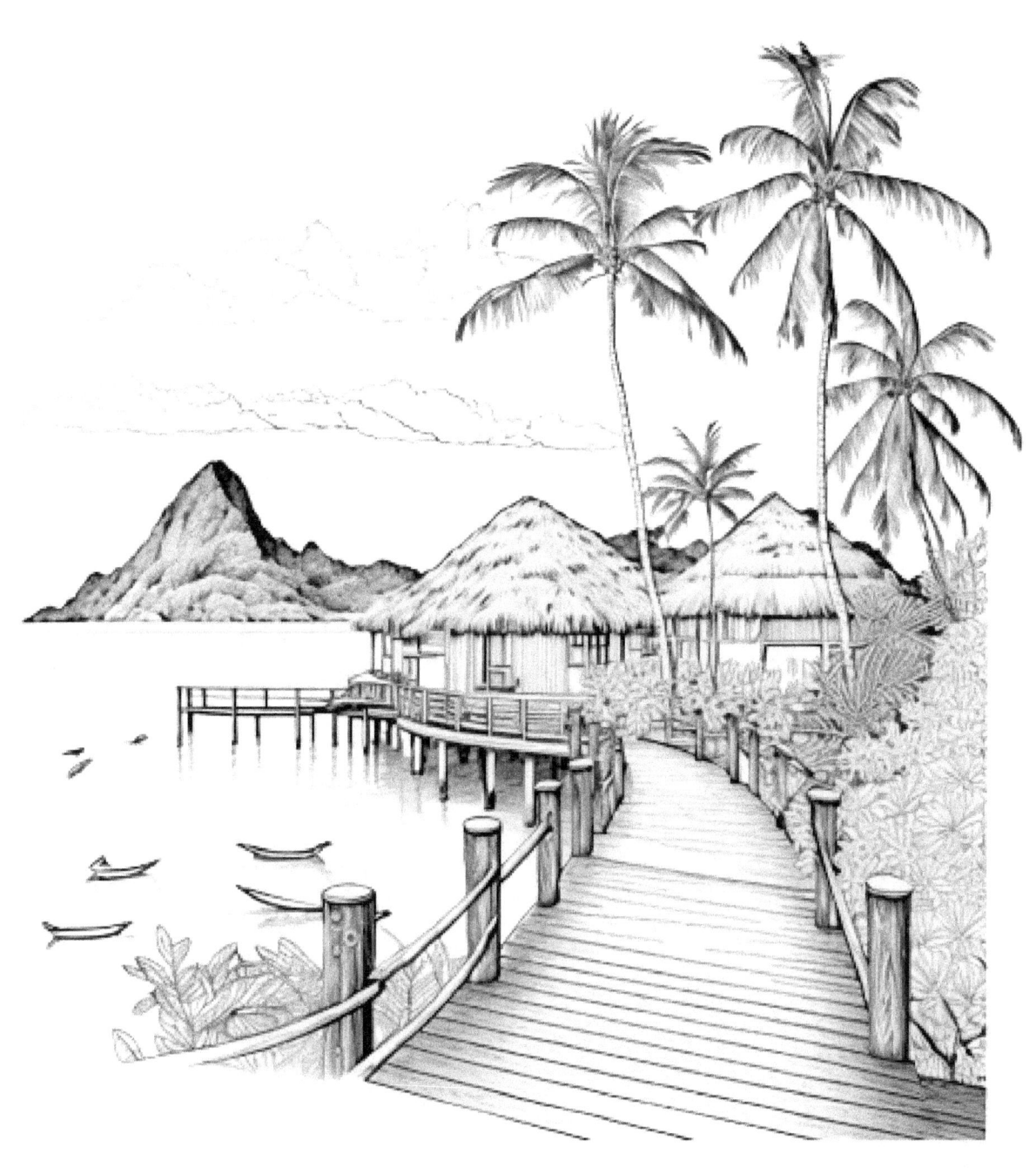

Bora Bora

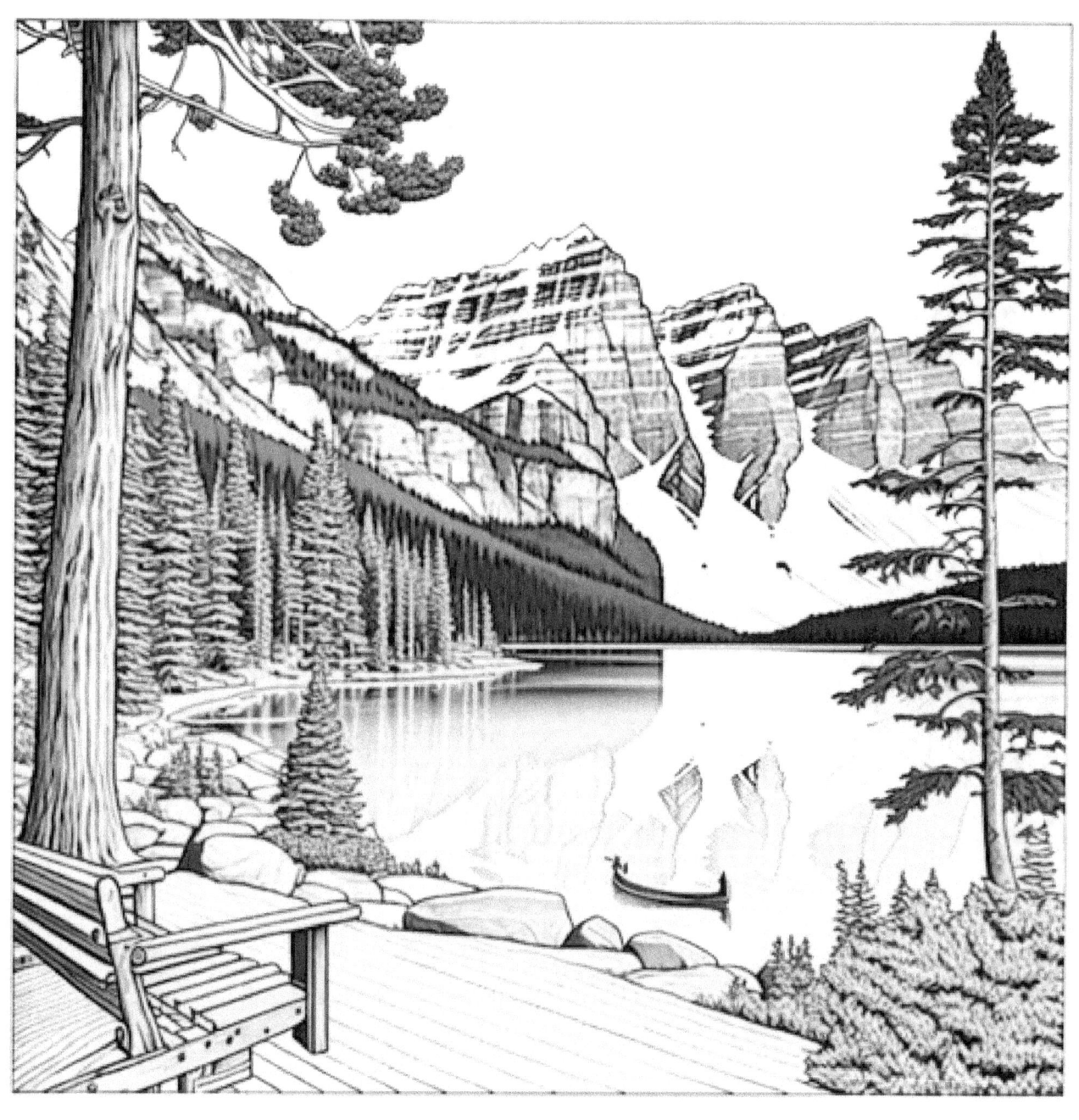

Banff Parque Nacional, Canada

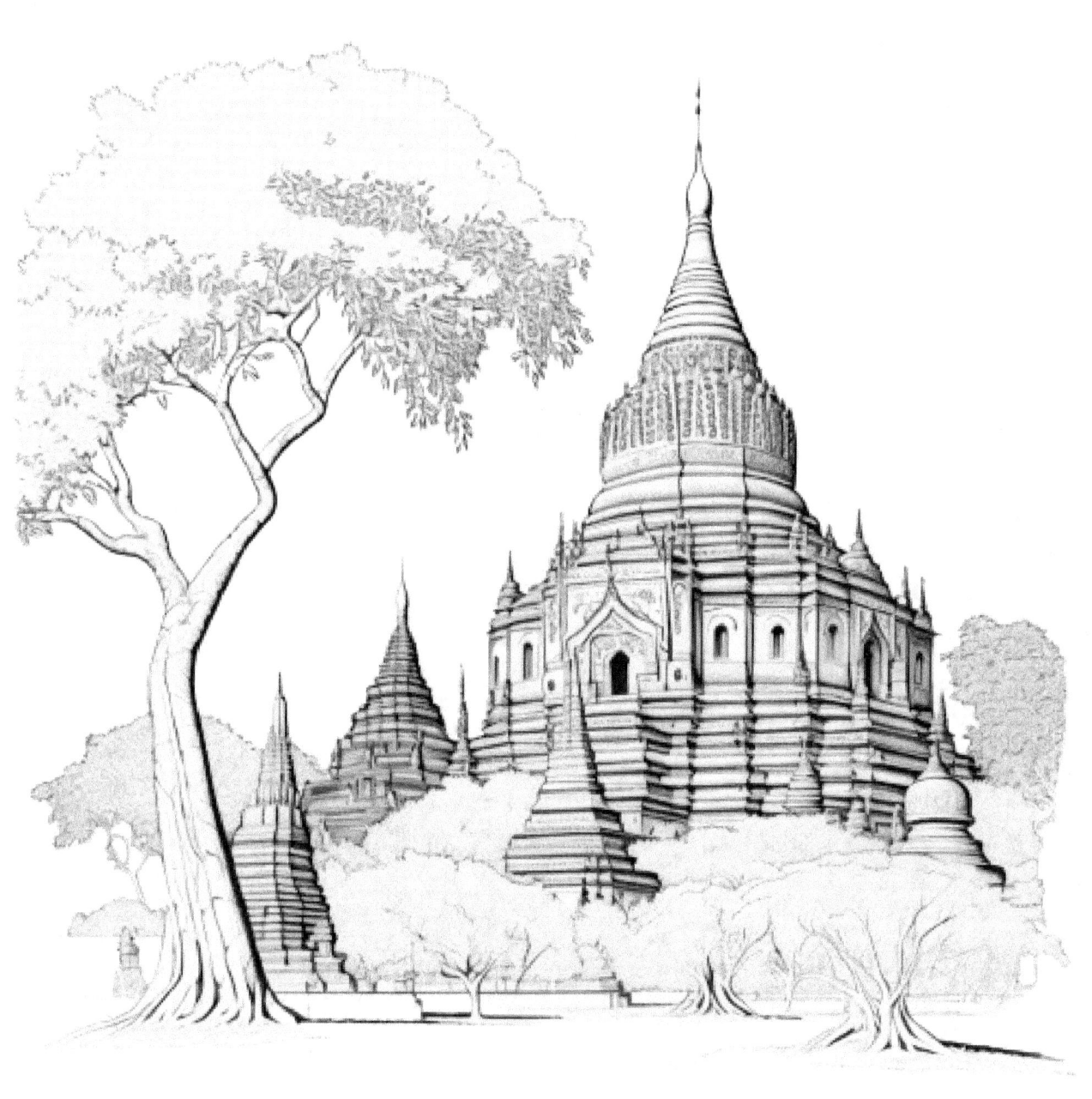

Bagan, Myanmar

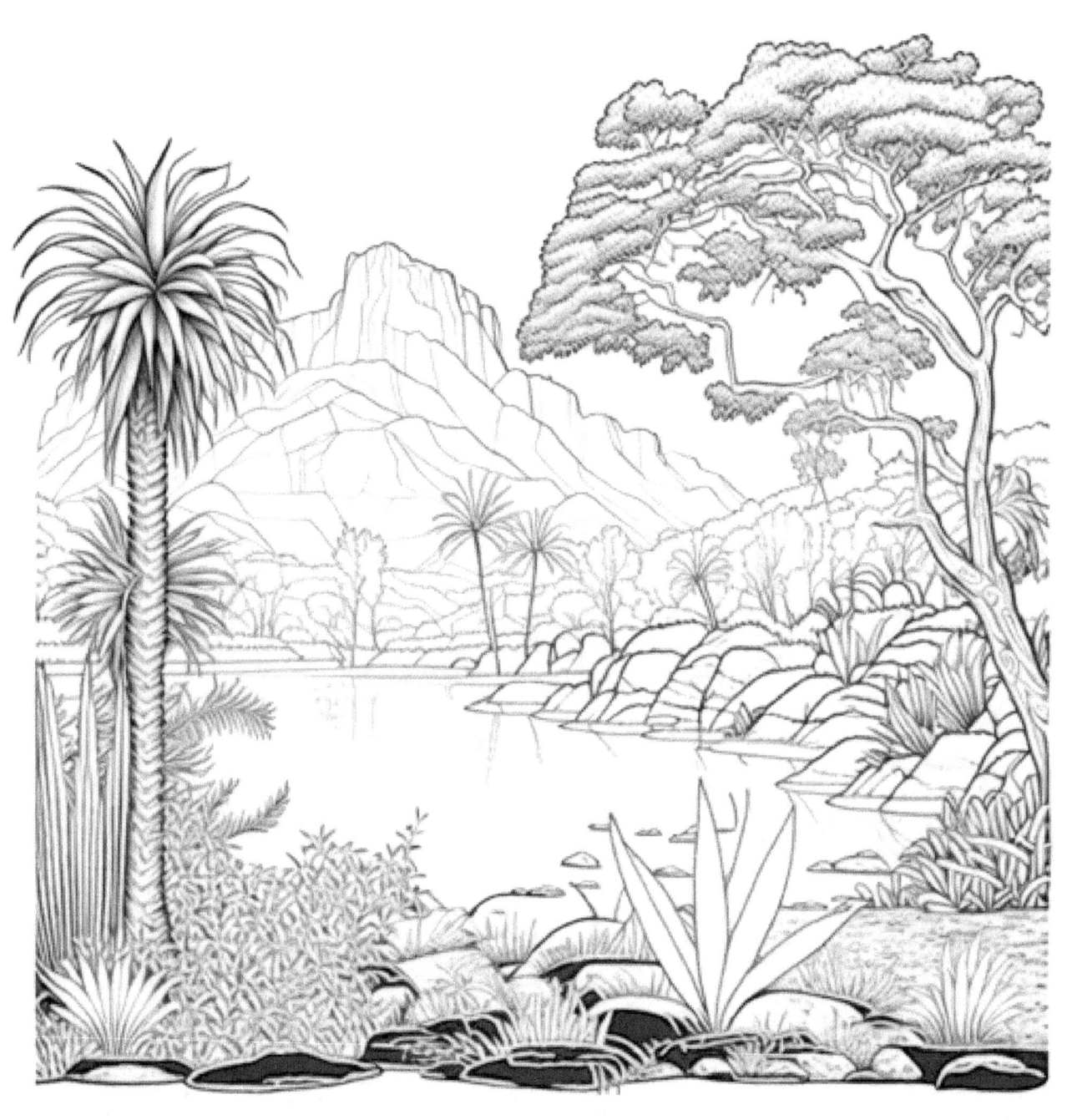

Río Amazonas

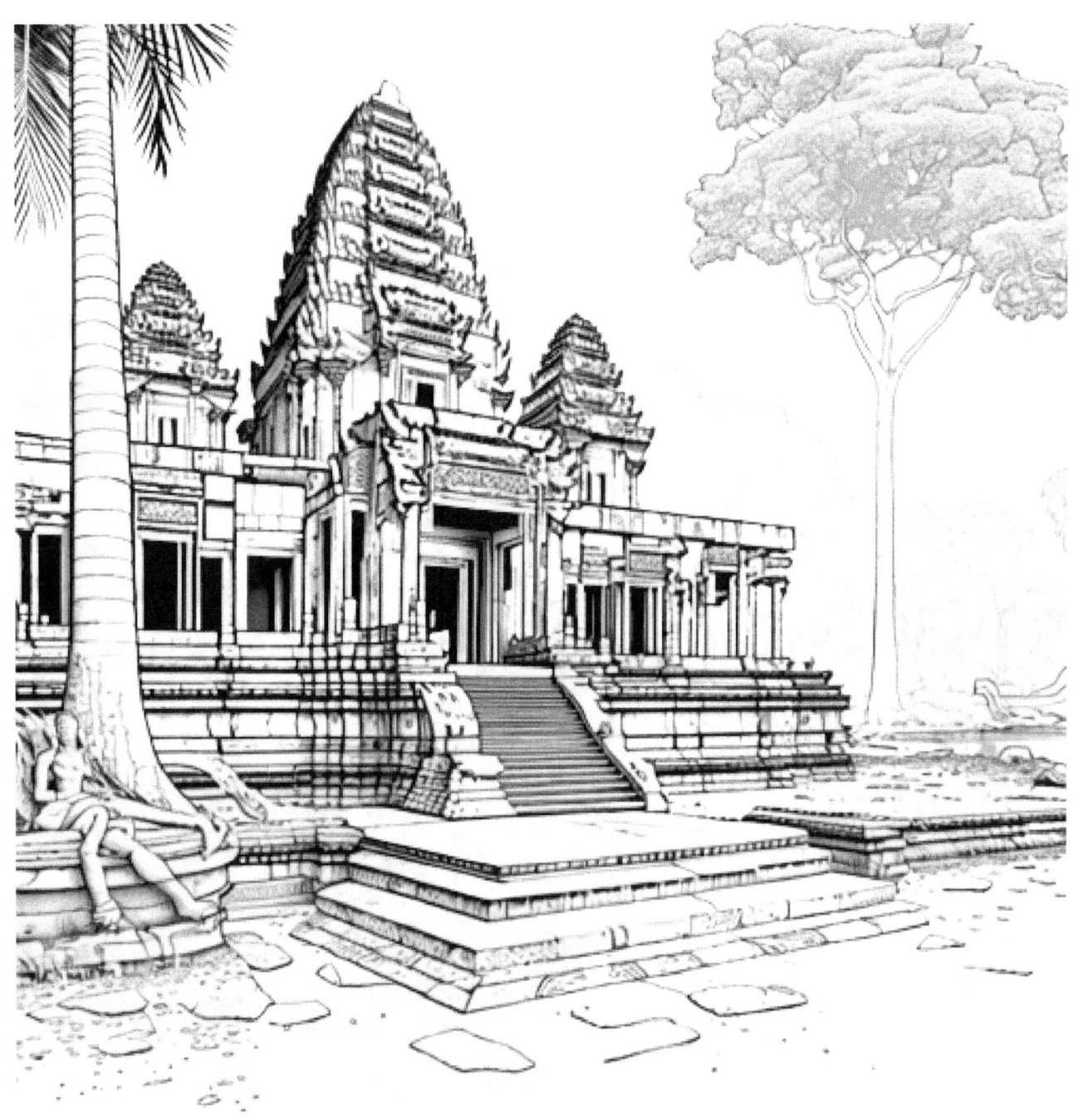

Ankor Wat, Camboya

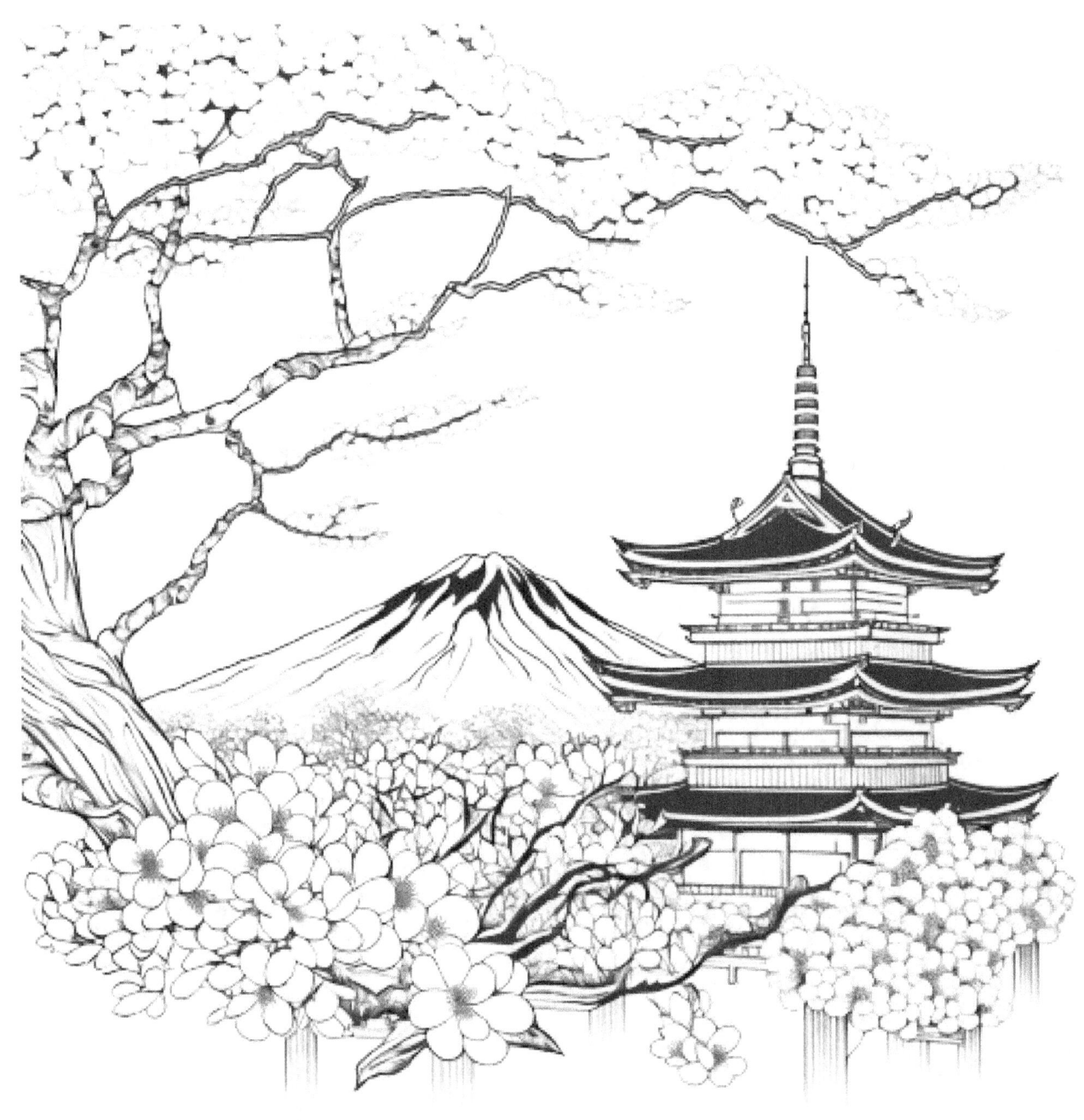

Cerezos en flor, Japón

www.ingramcontent.com/pod-product-compliance
Lightning Source LLC
Chambersburg PA
CBHW062225220526
45471CB00009B/3350